토론 논쟁에서 이기는 법

말잘하기 전략

말 잘하기 전략

토론 논쟁에서 이기는 법

현택수 지음

동문원

토론 논쟁에서 이기는 법

말잘하기 전략

초판 발행 2017년 3월 25일

지은이 현 택 수

東文選

제10-64호, 1978년 12월 16일 등록
서울 종로구 인사동길 40
전   화 02-737-2795
이메일 dmspub@hanmail.net

ISBN 978-89-8038-693-2 03170
정   가 14,000원

차 례

책을 펴내며

　남녀 불문하고 말 잘하는 사람, 토론 잘하는 사람이 매력 있고 멋있다. 그들에겐 논리적 사고 외에 소통 · 공감 · 설득의 능력이 있어 보인다. 학교 · 가정 · 직장 · 미팅 장소 등 어디서도 말을 잘하는 사람들은 눈에 띄고 부러움의 대상이 된다. 〈썰전〉 〈비정상회담〉 등 각종 TV 시사 토론 및 예능 토크 쇼 프로그램에서도 말 잘하는 사람들이 고정 패널로 출연하여 입담을 자랑한다. 말 잘하는 사람들은 일상적 대화나 모임 · 회의 · 토론 등에서의 말싸움에서도 지지 않는다. 그들은 심지어 부부 싸움을 해도 감정을 조절하면서 말로 이긴다.

　이렇게 말 잘하는 사람들의 말솜씨는 타고난 것일까? 아니면 누구나 배울 수 있는 말솜씨의 전략과 기술이 있는 것인가? 대답은 후자다. 즉, 말 잘하는 기술은 후천적으로 학습할 수 있는 것이다. 따라서 그 기술과 요령을 배우면 누구나 말을 잘할 수 있다.

이 책은 대한민국 최고의 유명 논객 패널들이 실제 토론에서 구사하는 토론의 전략적 기술들을 분석하여 소개한 것이다. 여기서 유명 패널들이란 대중에게 잘 알려진 정치인·변호사·교수·작가 등이다. 이들은 말 잘하기로 둘째라면 서러워할 사람들이다.

그들이 여러 TV 방송 프로그램에 나와 정치적 주제에 대해 생생하게 토론한 내용을 모니터링하여 분석한 것이 이 책이다. 정치 분야야말로 가치관·관점에 따라 토론 내용이 풍부한 영역이다. 토론 내용 중에는 대통령 선거 후보들과 관련된 것들도 많다. 정치적 격동기에 마련된 토론의 장이라서 토론자들은 서로 다른 관점과 주장으로 첨예하게 맞부딪치며 갖가지 토론 전략과 기술들을 보여주었다. 이러한 정치 분야의 토론 기술은 사실상 다른 모든 분야의 대화·토론에도 그대로 적용되는 보편적 기술이다.

책에 실린 토론 기술에 사용되는 용어 개념과 그 유형은 저자가 구체적인 분석을 통하여 임의대로 만들어 설명한 것이다. 이미 이러한 용어의 뜻을 알고 있는 독자라면 이 책의 용어 설명 부분은 그냥 넘겨도 무방하다. 본문에서는 각 토론 내용의 이해와 가독성을 위해 현장감이 살아 있는 토론 내용을 발췌·요약·편집하고, 이와 관련된 토론 기술을 설명하였다. 이 책의 장점은 무엇보다도 독자들이 책을 통해 생생한 토론 현장의 분위기와 내용을 이해하면서 눈에 띄는 토론 기술들을 익힐 수 있도록 글을 썼다는 점이다.

독자의 가독성을 위해 본문에서 토론 패널들의 직위나 존칭은 생략하였다. 특히 제3장에서는 인용하고 편집한 언론 기사들이 너무 많고 복잡하며 이미 잘 알려져 일반적 사실이 되었기에 각 신문 출처를 생략하였다. 해당 언론사와 독자의 양해를 바란다. 그리고 부록에서는 150여 년 전 철학자 쇼펜하우어의 38가지 논쟁 기술을 요약하여 제시했다. 인간의 논리적 오류와 모순된 심리를 통찰하는 고명한 철학자의 혜안으로 상대방의 주장을 훌륭하게 제압하는 방법들이 소개되어 있다.

본서는 논리적 사고와 오류, 그리고 감정 상태를 이용하여 토론과 논쟁을 잘하는 기술을 분석한 책이다. 따라서 이러한 기술들을 배워 말을 잘하려는 직종의 사람들과 학생·일반인들에게 실제적으로 큰 도움을 줄 수 있는 책이 될 것이다.

2017년 3월 저자 현택수

토론 기술 용어

    토론이란, 사람들이 어떤 일이나 주제에 대해 각자 의견을 내어 따지며 논의하는 것이다. 토론에서 패널들은 자신의 의견을 논증에 의해 강하게 주장하기도 하고, 상대측 패널의 주장을 논박하기도 한다. 토론의 목적은 패널들이 자신의 주장을 효과적으로 상대측 패널에게 전달하고, 패널과 청중을 설득하는 데에 있다. 그런데 토론은 여러 패널들이 모인 자리에서 진행되기 때문에 어떤 형식이나 절차에 따른다. 일반적으로 사회자가 모든 패널들에게 공평한 발언 기회를 주도록 노력한다. 하지만 패널들은 더 많은 말을 하고 자신의 주장을 정당화하기 위해 상대 패널의 주장을 논박하고, 증거를 평가절하하거나 말꼬리를 잡고 논점을 일탈하는 등 갖가지 테크닉을 사용한다. 또한 자신의 주장을 설명하거나 상대방의 주장을 반박하기 위해 사례며 비유를 들거나 풍자를 하기도 하고, 유머와 과장된 제스처를 취하기도 한다.

실제 토론을 분석하기 전에 토론에서 사용되는 여러 가지 기술 용어의 개념들을 살펴보기로 한다.

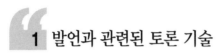1 발언과 관련된 토론 기술

모두 발언

모두(冒頭) 발언은 토론·회의 등을 시작할 때 참석자들이 맨 처음으로 하는 발언이다. 첫머리 발언은 토론을 시작하면서 참석자들이 순서대로 돌아가며 자신의 견해나 주장을 요약적으로 말하는 것을 의미한다. 따라서 토론 주제와 간단한 의제들을 사전에 안다면 모두 발언도 준비하는 것이 바람직하다. 모두 발언은 청중에게 주는 토론자의 첫인상이기 때문에 청중의 토론자 호감도에 영향을 미친다. 그리고 토론자 입장에서 첫머리 발언은 향후 토론자들의 주장이 어떤 방향으로 펼쳐질지 예측할 수 있는 점에서 중요하다. 물론 대개의 토론 패널들은 서로 다른 입장과 견해를 가진 사람으로 섭외되기 때문에, 토론 전에 약간의 사전 조사만 해도 패널들의 성향과 주장을 예측할 수 있다.

발언 기회권

토론에 참여한 각 패널들에게는 원칙적으로 공평한 발언 시간이 주어진다. 사회자가 있는 경우, 사회자는 토론자들의 발언 시간을 공평하게 분배하는 것이 원칙이다. 하지만 초시계로 발언 시간을 재지 않는 한, 토론자들의 발언을 기계적으로 공평하게 분배할 수는 없다. 따라서 토론자로서는 되도록 발언을 많이 하여 토론을 주도한다는 느낌을 청중에게 주고 싶어한다. 그래서 상대 토론자나 사회자의 제지에도 불구하고 일방적으로 자신의 말을 계속하는 토론자도 있다. 이때 토론자는 사회자에게 공정한 발언 시간 배분을 요구하는 의사 진행 발언을 하기도 한다. 또는 다른 패널이 이야기하는 도중에 말을 자르고 끼어들어 발언을 할 수도 있다. 이때의 발언은 짧을수록 좋다. 청중이 불쾌감이나 반감이 생기지 않을 정도에 한하여 자신의 발언 기회와 발언 시간을 최대한 확보하는 요령이 필요하다.

의사 진행 발언

토론 진행 방법 등에 대해서 이의를 제기하거나, 자신의 의견을 개진하는 발언이다. 이 발언에서 토론자는 전체적인 토론 진행 방식에 이의를 제기하거나, 원활한 진행을 위한 자신의 방안을 사회자에게 내놓는다. 토론자는 사회자가 공정하지 못할 경우, 또 상대 패널이 발언 시간을 많이 차지하는 경우 등의 상황에서 토론 도중 언제든지 불만과 항의 표시를 할 수 있다. 토론자는 직접 상대 토론자에게 진행 발언을 호소할 수도 있다.

보충 발언

발언 시간 초과나 사회자의 제재, 또는 상대 패널의 끼어들기로 인하여 자신의 발언을 미처 다하지 못했거나, 혹은 발언이 끝난 후 보완하고 싶은 생각이 날 때 토론자가 나중에 발언 기회를 얻어 보충하는 발언이다. 보충하고 싶은 발언을 잘 기억해 두거나 메모하여 적당한 타이밍에 보충 발언을 한다.

마무리 발언

일반적으로 토론이 끝날 무렵 사회자가 토론자들에게 마무리 발언의 기회를 준다. 마무리 발언에서는 자신의 주장을 1,2분 정도로 요약하거나, 미처 하지 못했던 발언을 하면 된다. 마지막 발언은 청중의 뇌리에 인상적으로 남을 수 있기 때문에 토론 전부터 준비하는 게 바람직하다. 하지만 토론 결과를 보고서 다소 융통성 있게 준비한 내용을 현장에서 곧바로 수정하는 것이 좋다.

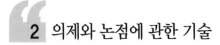

2 의제와 논점에 관한 기술

의제 설정

의제 설정의 원래 의미는 미디어가 특정한 이슈를 중점적으로 보도하여 대중에게 중요한 주제로 인식하게 만드는 기능이다. 그러나 이 책에서는 의제 설정을 토론에 국한하여 좁은 의미로 사용하고자 한다. 즉 의제란 토의에서 논하는 주제이다. 의제 설정은 토론에서 토의 주제를 결정하는 일이다.

토론 의제는 토론 주최측이나 사회자 혹은 참석자들이 결정한다. 주최측이나 사회자가 있는 경우, 일반적으로 참석자들은 토론 주제뿐만 아니라 세부 토론 의제까지 사전에 통보받는다. 토론자들은 사전에 의제를 알고, 각자 나름대로 준비를 하고서 토론장에 나온다는 얘기다. 토론자들은 설정된 의제와 관련하여 각자 토론 자료를 수집하고 스터디를 하는 등 만반의 준비를 한다.

의제 일탈

토론 현장에서는 토론자가 의제를 벗어나서 말하는 경우가 종종 발생한다. 비의도적인 의제 일탈은 토론을 산만하게 만들기 때문에 토론의 집중도를 떨어뜨리고, 토론자에 대한 신뢰마저 떨어뜨린다. 반면 의도적인 의제 일탈은 자신에게 불리한 의제에서 벗어나려는 토론자의 전략적인 행위이다. 따라서 사회자는 토론이 의제를 벗어나지 않도록 토론자들을 통제하며 토론을 진행한다. 하지만 의제 일탈의 정도에 따라 사회자가 일탈을 중단시키거나, 토론의 역동성을 위해 방조하기도 한다.

의제 선점

토론중에 토론자들이 의도했던 안했던 토론하던 의제가 다른 의제로 전이되는 경우도 있다. 의제 전이는 보통 사회자가 진행한다. 그런데 토론자가 토론중 토의하고 싶은 의제를 전략적으로 거론하여 의제 전이가 일어날 경우가 있다. 다음 차례인 의제를 앞당기거나 새로운 의제 설정은 토론자 입장에서는 의제를 선점하는 효과가 있다. 토론자 자신에게 유리한 방향으로 의제가 설정되기 때문이다. 특히 토론자들이 토론 현장에서 의제를 자율적으로 설정하는 〈사망유희〉 토론의 경우 의제 선점은 매우 중요하다.

논점 회피

논점(論點)은 토론에서 논의하고 있는 주제와 관련된 쟁점이다. 토론에서 논점은 사회자가 정해 주기도 하고, 토론하는 가운데 토론자들의 입에서 나와 자연스럽게 형성되기도 한다. 그런데 토론자가 토론중인 논점에 집중하지 않고, 의도적으로 논점 토론을 회피하는 경우가 있다. 대개 입장 차이나 논증 근거 부족, 자료 준비 부족 등의 이유로 자신에게 불리할 경우 말을 안하거나 엉뚱한 말을 하면서 토의중인 논점에서 벗어나고 싶어한다.

논점 일탈

논점 일탈이란, 토론자가 의도적이었던 의도하지 않았던 논점에서 벗어나는 것을 뜻한다. 의도적인 논점 일탈은 상대 토론자가 논하고 있는 논점에 대해 여러 가지 이유로 토의하고 싶지 않을 때 엉뚱한 얘기를 하는 방법이다. 논외의 엉뚱한 얘기를 하는 방법은 한마디로 동문서답의 방법이라고도 할 수 있다. 동쪽을 묻는데 서쪽을 대답한다는 뜻은, 질문이나 토의의 논점을 일탈하여 다른 방향으로 대답을 하는 것을 의미한다. 동문서답은 하나의 전략적인 대응 방법으로 토론에서 많이 사용된다.

논점 전환

논점 전환에는 사회자가 다음 논점으로 설정하는 경우, 토론자가 논점을 다른 방향으로 유도하여 변경하는 경우, 토론중 패널들 사이에서 자연스럽게 논점이 바뀌어 가는 경우가 있다. 토론자는 토론 진행 상황에 따라 타이밍을 잘 잡아 자신에게 유리하게 논점 전환을 하는 것이 바람직하다.

논점 확대

한편, 논쟁하고 있는 논점을 벗어나 논점을 더 확대하는 방법이 있다. 논점 확대는 공격 전선을 넓힘으로써 상대 논평자에게 당혹감과 혼란감을 주는 효과적인 공격 방법이다. 준비된 토론자가 아니면 갑자기 확장된 논점들에 대해서 적절히 대응하기가 쉽지 않다. 논점 확대는 기존의 논점을 논의하면서 실제적으로 확장하려는 목적에서 시도되기도 하고, 기존 논점을 회피하고 다른 논점들로 이동하려는 목적에서 시도되기도 한다.

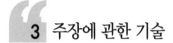

3 주장에 관한 기술

팩트(fact, 사실) 주장

모든 주장은 팩트나 사례에 근거하거나 추리, 합리적 의심 등 논증적인 증거에 기반해야 한다.

팩트는 토론에서 가장 중요하다. 토론자는 토론에 앞서 토론 주제에 관련된 팩트를 수집하고, 그 내용을 잘 파악하고 있어야 한다. 팩트를 잘 모를 경우, 아무래도 주장하는 논리적 근거가 부족하고 자신이 없거나 상대방의 질문과 공격에 취약해질 수밖에 없다. 특히 방청석에 있는 청중이 볼 때 팩트를 잘 아는 토론자의 주장에 더 설득력이 있어 보이며, 팩트에 취약한 토론자의 주장에 신뢰감을 보내기가 어렵다.

토론에서 팩트가 중요하긴 하지만, 그렇다고 해서 팩트 주장이 토론의 전부는 아니다. 상대방의 주장이 팩트임을 알고도 교묘한 언술로 팩트를 인정하지 않으려는 태도는 청중의 판단에 혼란을 줄 수 있다. 그리고 자신이 몰랐던 내용을 상대방이 팩트라고 주장할 때, 이를 액면 그대로 받아들여 인정하고 달리 이의를 제기하지 않으면 자신이 패배한 것처럼 느껴지게 된다. 하지만 상대방이 주장하는 팩트를 인정하는 태도는 청중의 입장에서 사실을 알고 토론을 이해하는 데에 도움을 준다. 위기는 곧 기회란 말이 있다. 팩트에서 밀리는 상황에서도 반전을 기하려면 팩트에 대해 잘 모르더라도 팩트를 주장하는 상대방의 의도를 파악하고, 이를 비판하거나 팩트 자체를 의심하여 반박하는 전략을 구사해야 한다.

정의(定義)내리기

토론자들은 말을 하면서 의미 있는 용어들을 선택하고 적절히 배합하여 사용한다. 토론자가 선택하여 사용하는 용어에는 개념이 담겨 있다. 따라서 토론자는 용어 선택과 사용에 신중을 기한다. 용어에 담겨 있는 사고 방식의 가장 기초인 최소 단위를 개념이라고 부른다. 어떤 행위에 대한 용어의 개념에 대해 의미를 매기는 정의는 모든 사고와 판단의 기초 근거가 된다. 따라서 어떤 행위에 대한 개념은 일반적으로 사전이나 관련 법규정 등에 명확하게 정의되어 있다. 하지만 사람들은 때때로 행위의 개념을 달리 해석하거나, 자기 나름대로 재정의를 내리면서 자신이 의도하는 방향으로 행위의 의미를 판단하기도 한다. 그리고 명칭과 개념에 대한 정의는 대개의 경우 토론자의 주장 속에 자연스럽게 내재해 있다. 토론자는 똑같은 현상이나 사건·행위 등에 대해서 서로 다른 개념이 담긴 용어를 사용하며 나름대로 정의를 내린다. 결국 토론은 같은 대상을 두고 서로 다른 개념으로 정의를 내리며 이를 관철시키려는 싸움의 장(場)인 셈이다.

반박과 재반박

반박은 상대방 패널의 견해나 주장에 반대하여 논박하는 것이고, 재반박은 반박에 대해 또 반박하는 것이다. 상대방의 주장 가운데 잘못 말한 사실이나 논거 또는 증거 등을 지적하며 논박하는 것이다. 반박을 하면 상대방이 재반박을 할 가능성이 있으므로 반박의 논거가 탄탄해야 할 것이다.

추 측

추측은 미루어 생각하는 것이다. 추측은 아직 증거에 의해 증명되지 않았으나 합리적 논증에 기반해 있다면 맞을 것이라는 타당성을 갖는다. 팩트나 증거가 부족하거나 없어도 토론에서 추측에 의한 주장이나 반박은 수비와 공격의 방법이 될 수 있다.

합리적 의심

합리적 의심이란, 구체적인 사실에 기반한 의심을 말한다. 단순히 막연한 의심이나, '아마 그럴 것이다'라는 식의 추측이 아닌 좀 더 구체적이고 명확한 사실에 근거한 의심이다. 합리적 의심은 형사법에서 나오는 용어인데, 유죄가 인정되려면 합리적 의심의 여지없이 범죄가 입증되어야 한다는 데에서 나온 말이다. 논평이나 토론에서도 상대 패널이 제시하는 팩트나 주장 등에 대한 합리적인 의심 제기는 설득력 있는 반박 내지 공격 방법이다.

증 거

증거란, 어떤 사실을 증명하기 위한 근거를 말한다. 조사 기관이나 검찰 및 법원에서는 실체적 진실을 찾기 위해 증거 수집과 증거 분석을 한다. 토론자들도 자신의 주장을 뒷받침하는 증거를 사전에 조사하여 준비해 온다. 증거에는 사실 여부에 확신을 주기 위해 직접 증명하는 직접 증거가 있고, 사실을 간접적으로 추측케 하는 자료인 간접 증거가 있다. 그리고 증거의 가치 판단에 관한 보조 사실을 증명하는 정황 증거가 있다. 예를 들자면 사건 현장의 모습을 담은 CCTV나 녹취록은 직접 증거가 되고, 피해 사실을 전해들은 참고인의 진술은 간접 증거가 된다. 직접 증거든 간접 증거든 토론에서 증거의 증명력은 결국 청중이 하게 된다. 토론에서 간접 증거도 직접 증거, 경험칙, 논리 법칙에 위반되지 않는 한 청중의 심증을 구성한다. 신문 기사는 간접 증거로서 증명력은 그다지 높다고 할 수 없다. 하지만 시사 토론에서는 사실 관계를 따질 때 언론 보도 기사가 많이 인용되는데, 이때 기사 내용은 거의 직접 증거의 증명력을 갖는 사실처럼 인정된다. 토론자들 사이에 신문 기사 내용을 암묵적으로 사실로 인정하고 있다는 것이다. 하지만 기사 내용이 자신의 주장과 맞지 않을 경우, 토론자는 해당 기사를 사실로 인정하지 않으려는 경향이 있다.

증거의 신빙성

증거의 신빙성 및 증명력은 어떻게 판단하는가? 증거에 대한 신뢰와 불신이 충돌할 경우, 증거의 신빙성 및 증명력을 판단하기 위해 건전한 논증에 기초하여 증거에서 허위·과장·왜곡·착오 가능성이 있는 부분을 가려내어 진실을 찾아 조합하여 실체를 파악해야 할 것이다.

아무런 근거 없이 한쪽의 증거를 모두 신빙성이 있다고 믿거나, 이와 모순되고 반대되는 증거들은 모두 배척하는 것은 자의적인 판단으로서 진실의 실체를 찾는 과정이 아니다. 법정에서는 자유심증주의 원칙에 의거하여 직접 증거·간접 증거 등의 신빙성과 증명력을 법정화하지 아니하고, 법관의 자유로운 판단에 맡긴다. 그러나 토론에서 나오는 증거는 토론자에 의해 인정될 수도 있고, 안 될 수도 있다. 물론 궁극적으로 증거의 신 빙성 여부는 청중의 판단에 맡기는 것이 토론의 자세일 것이다.

증거 비공개

증거물을 통한 사실 확인은 강력한 입증 방법이다. 공신력 있는 조사 기관이 증거물에서 사실 관계를 확인했다는 조사 결 과를 발표하면, 사람들은 증거물을 확인하지도 않고 믿는 경향 이 있다. 증거물에 대한 신뢰와 조사 기관에 대한 신뢰가 있기 때문이다. 이처럼 증거를 통한 사실 확인은 사람들에게 증거를 재확인할 필요도 없다는 확신을 주며 사실을 굳히는 방법 가운 데 하나이다. 정치인들이나 토론자들은 증거물을 통한 사실이 라는 확신을 이용하여 증거를 직접 공개하지 않고 증거를 갖고 있다고만 주장하기도 한다. 그러나 그들이 실제로 증거물을 갖 고 있는지는 공개하지 않는 한 확인할 길이 없는 경우가 많다.

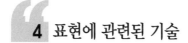

4 표현에 관련된 기술

예시(例示)

토론중 어떤 사건과 관련된 본보기가 될 만한 실제 사건을 예로 제시하면 설득력이 있어 보인다. 예시는 본건을 쉽게 이해 하기 위한 수단이므로 잘 알려진 역사적 사실이나 사건 등을 선택하여 비교하는 것이 바람직하다. 예시로 든 사건의 이름만 거론하거나, 짧게 설명하고 나서 곧바로 본건을 설명하는 것이 좋다. 예시 설명이 길면 본건을 잊어버려 자칫 주객이 전도될 우려가 있기 때문이다.

비 유

비유는 어떤 사물이나 현상의 의미를 이해하는 데 도움을 주기 위해 그와 속성이 비슷한 다른 사물이나 현상을 빌려와 이를 빗대어 표현하는 것을 말한다. 비유에는 흔히 'A는 B와 같다' '~처럼'으로 두 대상을 비교하여 표현하는 직유법이 있고, 'A는 B이다'라고 두 대상을 동일시하는 은유법이 있다. 고대 그리스 웅변술이나 성경의 예수 설교에는 우리에게 친숙한 많은 비유들이 있다. 비유는 간결하면서도 인상적이고, 상대방 및 청중의 이해 속도가 빠르기 때문에 논평이나 토론 현장에서 즐겨 사용되는 토론 기술이다. 하지만 적절치 않은 비유는 오히려 상대방의 공격의 빌미를 제공할 수 있으므로 주의해야 한다. 또한 길고 잦은 비유는 자신의 논점을 흐트러뜨릴 수도 있다.

풍 자

풍자는 어떤 사실이나 부정적인 사회 현상의 특징을 꼭집어 조롱조로 비판하는 문학 예술적 표현 기법이다. 또한 풍자는 직접적인 비판이 아니라 해학과 웃음을 담은 우회적인 촌철살인의 표현 방법이다. 토론자가 풍자를 인용하거나 직접적으로 풍자를 하는 것은 긴장된 토론에서 유머와 여유를 준다.

유 머

유머란, 말이나 글을 즐겁고 재치 있게 구사하여 웃음과 여유감을 주는 언어 감각 능력을 말한다. 진지하고 심각하기만 한 토론에서 유머는 청량제와 같은 역할을 한다. 토론에서 유머는 타고난 능력이기보다는 평소 학습하고 준비된 소양에서 나온다고 보여진다.

경구(警句) 인용

경구란, 간결하고 예리하게 표현하는 말로써 어떤 교훈적 의미를 전달하는 어구이다. 비슷한 말로 명언 · 격언 · 잠언 등이 있다. 경구는 어떤 교훈을 담고 있으면서 간결하고 그 뜻이 명료하여 오랜 세월을 거치면서 사람들에게 인정받는 인상적인 표현이다. 토론에서 이런 경구 · 격언 등을 사용하면 청중에게 이해와 감동을 주는 효과가 있다. 일반적으로 잘 알려진 속담을 인용하는 것도 좋다. 토론에서 경구를 사용하여 상대 패널의 주장을 우회적으로 비판할 수도 있다.

도구 사용

토론은 원칙적으로 말로 한다. 하지만 토론에서 금지된 사항이 아니라면 토론자는 간단한 설명 보조 기구를 사용할 수 있다. 즉 말로 설명하기 어려운 도표나 설명을 큰 종이 또는 판넬에 담아 토론중 제시할 수 있다. 보조 도구를 사용하면 토론자는 상대 패널이나 청중에게 자신의 주장이나 사실을 보다 쉽게 이해시킬 수 있어 효과적이다.

5 토론 공격 및 수비 기술

물타기 또는 맞불

물타기란 정반대의 내용이나 다른 쟁점들을 꺼내어 사람들의 이목을 분산시키거나, 본 사건을 잊게 하는 본말 전도의 방법을 말한다. 물타기의 예로서 사회적으로 중요한 사건 보도 시기에 유명 연예인 스캔들 관련 뉴스를 대대적으로 보도하고 계속적으로 다루면서, 현재 중요한 사건에 대한 관심을 약화시키거나 잊게 하는 방법이 있다. 그리고 또 다른 예로서, 자신의 허물을 덮기 위해 타인의 허물을 들춰내거나 둘 다 잘못했다고 판단하는 방법이다. 발화(發話) 맥락상 수비적 측면이 강할 때에는 물타기로, 공격적 측면이 강할 때에는 맞불로 칭한다.

평가절하

상대방이 주장하는 팩트나 자료의 가치를 그 실제적 가치보다 과소평가하는 방법이다. 심지어 상대 패널의 인격까지 폄하하기도 한다. 평가절하 방법은 구체적인 논거나 논증까지 할 필요없이 사용되는 효과적인 공격 방법이다. 이는 평가하는 토론자의 위치가 상대 패널에 비해 상대적으로 우월함을 암시하고, 상대방을 당혹시키는 전략적 언표 행위이다. 하지만 상대방을 지나치게 평가절하하는 태도는 청중에게 토론자가 거만하다는 인상을 줄 우려가 있다.

이중 잣대

이중 잣대란, 상황에 따라 다른 기준과 지침이 불공평하게 적용되는 것을 말한다. 법이나 규칙 그리고 윤리도 동일 집단의 사람에게는 똑같이 평등하게 적용되어야 하는데, 일부 개인에게 다르게 적용된다면 이는 이중 잣대에 의한 판단이 작용한 것이다. 이중적인 판단은 공평무사의 원칙에도 어긋나며, 어떤 목적이나 의도가 있는 사고 방식으로서 논리적으로 판단 오류에 속한다. 이중 잣대의 모순성은 "남이 하면 불륜이고, 내가 하면 로맨스"라는 말에서 잘 드러난다. 사람은 자신의 유불리와 관련된 상황에 따라 이중 잣대의 방법으로 판단을 달리하는 경향이 있다. 토론이나 논평에서도 이중 잣대의 판단이 자주 사용되고 있다.

조롱하기

조롱은 상대방을 비웃거나 얕보고 놀리는 언행이다. 조롱은 다른 말로 비아냥거리는 행위이다. 토론중 그 주제며 토론 내용이 아닌 토론자에 대한 비판이나 비아냥을 하는 경우가 많다. 막말 조롱은 토론자의 인격에 대한 비방이다. 조롱하는 태도는 토론자의 태도로서 바람직하지 않다. 토론은 자신과 다른 의견을 가진 상대방을 존중하면서 신사적으로 해야 하기 때문이다. 토론중 상대방을 면전에서 조롱하는 것은 예의 없는 행동이다. 토론자가 조롱의 공격 방법을 자주 사용하게 되면, 청중으로부터 '토론 매너가 없다' '신사적이지 못하다' '졸렬하다'는 등의 평가를 받을 수 있다.

하지만 조롱도 도를 넘지 않는 일정 한도 내에서는 공격이나 방어적 차원에서 효과적인 심리 타격 전략일 수 있다. 조롱하는 자신이 건방진 태도로 비쳐질 수도 있지만, 상대 토론자를 얕잡아봄으로써 상대적 우월감을 보여 상대방의 감정 상태를 흔드는 수법이다. 조롱은 상대방의 기분을 상하게 하고, 흥분시키거나 당혹감을 줄 수 있는 심리적 공격 방법인 것이다.

진중권·변희재·유시민은 다른 토론자들에 비해 이 수법을 비교적 자주 애용한다.

말자르기와 끼어들기

토론중 상대방의 발언에 끼어들어 그 말을 자르는 것은 다분히 전략적인 목적이 있다. 우선 자신에 대한 공격이나 불리한 발언을 잘 못하게 김을 빼는 등 방해하려는 목적이 있거나, 상대방의 발언중 잘못된 점을 바로잡아 주어 더 이상 토론이 이상한 방향으로 진행되지 않도록 방지하려는 목적이 있다. 적절한 타이밍에 짧은 말로 남의 말에 잘 끼어드는 것은 효과적인 토론 전략이다.

물론 상대방의 발언 도중 끼어들어 말을 하는 것도 일종의 발언이기 때문에 원칙적으로는 사회자나 상대방의 양해나 허락을 구한 다음 이루어져야 할 것이다. 하지만 토론 현장에서 끼어들기는 순식간에 갑자기 일어나는 경우가 많다. 따라서 끼어들기로 방해받은 발언자는 당황하여 사고가 중단되거나 발언의 맥락을 놓칠 우려가 있다. 그래서 말자르기와 끼어들기는 시청자들의 토론 이해도 방해하기 때문에 토론의 매너가 아니라고 비난받는다. 그리고 너무 자주 끼어들면 상대방과 시청자에게 불쾌감을 주고, 토론 분위기를 완전히 망칠 수도 있으니 주의해야 한다.

왜 곡

자신의 주장에 유리한 방향으로 어떤 사실 관계나 주장을 왜곡하는 전략이 있다. 토론 상대방의 주장을 왜곡하기도 하고, 상대방이 나의 주장을 왜곡했다고 단언하기도 한다. 실제로 왜곡했는지 여부와 상관없이 토론 상대방을 왜곡하는 사람으로 규정함으로써 상대방의 부정적 이미지를 청중에게 심어주는 효과가 있다.

기억 상실

어떤 사실 확인에 있어서 토론자 · 피조사자 · 피고인 등의 입장에서 불리한 진술이나 거짓말을 하기보다는 일단 기억이 나지 않는다고 말하는 것이 상책이다(물론 실제로 기억이 안 날 수도 있다). 토론이나 논쟁중 자신에게 불리하게 작용할 사안이나 사실 관계에 있어서는 허술하게 말하기보다 기억이 잘 안 난다고 전략적으로 말하는 것이 좋다. 그리고 상황이 전개되는 것을 보아 가며 나중에 기억이 난다고 말하면 이를 진술 번복이나 거짓말이라고 단정지을 수도 없다. 또한 기억편집증이란 비난을 받더라도 일부만 기억이 난다고 말할 수 있다.

말꼬리잡기

토론에서 상대방의 주장을 반박하는 방법의 하나로서 말꼬리잡기가 있다. 즉 토론자의 주장 가운데 일부 단어 사용이 적절치 못하거나 부정확한 경우를 지적하여, 마치 전체 주장이 부

적절한 것처럼 공격하는 방법이다. 이는 상대방의 발언을 주의 깊게 경청해야 하는 이유 가운데 하나이다.

되받아치기

한 패널이 상대방 패널을 공격하기 위해 사용했던 용어 · 예시 · 비유 등을 공격당한 상대방 패널이 똑같이 사용하여 원래 패널에게 되돌려 공격하는 방법을 말한다. 되받아치기는 상대방의 말을 경청하고, 상대방의 공격에 재빠르게 대응하는 역습 방법이다.

대인 비판 (인신 공격)

토론 주제나 논점에 대해 비판하지 않고, 토론자 자체에 대한 인물 비판을 하는 것이 대인 비판이다. 대인 비판은 흔히 인신 공격이라고 한다. 토론 논점을 일탈하고, 논점을 사람 비판으로 옮기는 공격 방법으로서 비신사적인 토론 태도이다. 하지만 토론 현장에서는 이런 대인 비판을 종종 목격하게 된다. 대인 비판을 받았을 경우에는 똑같은 방식으로 응수하는 방법도 있고, 인신 공격을 하지 말라고 점잖게 충고할 수도 있다.

6 토론 매너

복장 매너

공적인 주제의 토론장에서는 기본적으로 정장 혹은 세미 정장 차림을 해야 한다. 발목이 드러날 수 있으므로 반드시 바지색과 구두색에 맞는 목이 긴 양말을 신어야 한다. 여성도 바지를 착용하였을 때에는 마찬가지로 해야 한다. 점퍼·스웨터·티셔츠 차림은 금물이며, 지나치게 화려하거나 튀는 복장도 금물이다. 이목을 끄는 화려한 액세서리 치장이나 화장도 토론의 집중도를 떨어뜨리기 때문에 삼가야 한다.

인사 매너

토론 전후 사회자 및 패널들과 인사를 나눌 때에는 손을 보지 말고 눈을 맞추며 악수를 한다. 악수할 때 머리나 상체를 굽히지 않고, 악수한 손을 너무 꽉 잡거나 크게 흔들지 않는다. 주의할 점은, 아무리 상대방의 지위가 높거나 웃어른이라도 절하듯 굽신거리지 않고 똑바로 바라보며 한 손으로 악수하는 것이 기본 매너다. 그리고 명함은 받자마자 호주머니나 지갑에 넣지 않고, 책상 위에 가지런히 얹어 놓는다. 토론이 끝난 후 명함지갑에 넣는다.

착석 매너

착석할 때에는 의자의 꺾어진 허리 부분에 밀착하여 엉덩

이를 깊숙이 붙여 앉아 상체를 수직으로 유지한다. 두 손은 회의 내내 책상 위에 11자 모양으로 올려놓는다. 두 손을 모두 책상 밑으로 내리는 방관자적 자세는 삼가야 한다. 팔꿈치를 책상 위로 올리거나 손으로 턱을 괴는 것, 두 손을 모아 감싸는 것도 바람직한 자세가 아니다. 여성의 경우 핸드백은 무릎 위에 놓지 않고 옆이나 뒤쪽에 놓고 앉는다.

소파형 의자에 앉을 때에는 배를 내밀거나, 두 팔을 양쪽 팔걸이에 각기 올려놓거나, 다리를 쩍하니 벌리고 앉으면 무례다. 남녀 구분 없이 상대방(발표자)을 향해 상체를 틀어 눈맞춤을 유지한 채 적극적으로 대화에 임하는 자세여야 한다. 팔걸이가 곧 책상이라 여기고 두 손을 상대방 쪽 팔걸이에 얹어 놓아야 한다. 한쪽 다리를 올려 꼬아도 되는데, 이렇게 하면 상체가 자연스럽게 틀어진다.

경청 매너

다른 패널이 얘기를 할 때에는 고개만 돌리거나 곁눈질하지 않고, 시선과 상체를 그에게 향하도록 하고 주목한다. 허공을 멍하니 쳐다봐서도 안 되고, 자기 원고를 들여다보거나 메모를 할 때 고개를 숙여서도 안 된다. 회의 도중 입술이나 어금니를 꽉 깨문다거나, 입을 꾹 다무는 것은 나쁜 버릇이다. 그리고 손으로 얼굴의 특정 부위나 안경을 만지거나 머리카락을 젖히는 등의 불필요한 행동은 삼가야 한다. 책상 위에 놓인 음료는 병째로 들이켜지 말고, 컵에 따라서 마시도록 한다.

발언 매너

토론자는 평소보다 자신의 목소리를 약간 높여서 자신 있게 말하고, 발음을 정확히 한다. 발언을 할 때 손·팔·어깨 등 신체를 적당히 사용하여 풍부한 제스처를 하는 것은 언어적 표현을 보완하거나 강조하는 표현 방법이다. 그러나 과도한 제스처는 삼가야 한다. 필기 도구를 흔들거나, 상대방을 향해 손가락으로 가리키는 행위는 절대 금물이다. 누군가를 가리키려면 다섯 손가락을 다 펴서 사용해야 한다. 토론자 자신이 화가 났거나 위축되었어도 그런 감정을 표정으로 나타내서는 안 되며, 포커페이스를 유지한다. 그리고 박수를 칠 상황에서는 자신의 배꼽 근처에서 치지 말고 최대한 높여서 친다.

패널 직함과 자리 배치

토론 패널들은 자신의 신분과 직함을 밝힌다. 일반적으로 토론 주최 방송사측이 패널들의 직함을 소개하고, 토론 사안에 대한 입장에 따라 자리 배치를 한다. 시청자의 패널 이해를 돕기 위해서 패널의 정체성을 밝히는 일이다. 따라서 패널 진영은 직함과 자리 배치에서 나타난다. 패널들은 기본적으로 현재의 공식 직함으로 소개되어야 하는 것이 원칙이다. 현재의 직함은 패널 스스로가 정해서 토론 주최측에 통보한다. 현재의 직함이 없는 경우 과거 직함으로 소개할 수 있다. 직함은 토론 패널의 성향과 입장 내지 진영을 보여줄 수 있는 객관적 표시이기도 하다. 따라서 패널은 토론의 성격과 내용에 따라 자신에게 유리한 직함을 선택할 수 있다. 실제로 여러 직함 중에서 하나를 선택하기도 하고, 현재 직함보다 과거의 직함을 선택하기도 한다. 자신의 정체성을 단박에 드러내거나 반대로 드러내고 싶지 않을 경우, 이에 적당한 직함을 선택하기도 한다. 필요하다면 자리 배치에서도 패널은 자신의 위치를 요청할 수 있다.

진중권·변희재의 〈사망유희〉 토론 'NLL과 통일'

사회: 이상호 MBC 기자

토론자: 진중권 교수 vs 변희재 대표

토론 주제: NLL과 통일

〈사망유희〉(死亡遊戲)는 'GO발 뉴스'와 인터넷 방송 '곰 TV' 주최로 이뤄진 인터넷 생방송 토론 프로그램이다. 이 프로 그램은 보수 논객 변희재(미디어워치 대표)가 명예훼손 소송을 취하하는 전제 조건으로 진보 논객 진중권(동양대 교수, 미학 전 공)에게 토론을 제안하여 이루어졌다.

〈사망유희〉 생방송 토론 배틀은 2012년 11월 11일, 제18 대 대선 30여 일 전쯤에 이뤄졌다. 따라서 대선과 관련된 다양 한 주제로 토론이 예정되어, 대통령 후보 선거에서 진보와 보수 진영이 대결하는 이벤트로서 대중의 관심을 끈 중요한 토론이 었다. 〈사망유희〉 토론 배틀 1회차인 진중권 vs 변희재 토론의 주제는 당시 시사 이슈가 되었던 'NLL과 통일'이었다. 원래 토 론은 10회에 걸쳐 여러 논객들이 출연하여 진행될 예정이었으 나, 2차 토론 때 진중권의 돌연 중단 선언으로 단 2회 만에 끝 나 버렸다.

〈사망유희〉(The Game of Death)는 원래 이소룡이 출연하는 1978년도 홍콩 액션 영화의 제목이다. 죽음의 게임처럼 토론자 어느 한쪽이 패배할 때까지 그야말로 죽도록 처절하게 토론한다는 의미로 제목이 정해진 듯하고, 토크 서바이벌 게임이라고도 한다. 사회자가 최소한의 개입만을 함으로써 토론자들끼리 직접 싸우는 토론 포맷이었다. 이 토론 생방송은 당시 네이버와 다음 포털에서 실시간 검색어 1위를 기록하기도 하였다. 네티즌들이 몰리면서 토론을 시작한 지 불과 30분 만에 서버 폭주로 생중계가 잠시 중단되기도 했다.

　〈사망유희〉는 토론 배틀 1회차로 변희재와의 1차 토론을 끝낸 후, 진중권이 상대방의 팩트 주장에 밀려 패배를 인정한 것으로도 유명한 토론이다. 또한 2회차 정치평론가 황장수와의 토론에서는, 진중권이 토론 도중 화를 내며 일방적으로 토론을 중단하고 퇴장한 사실로도 유명하다.

　토론 시작에 앞서 사회자 이상호는 '누가 토론을 잘할까'라는 시청자 사전 조사 결과를 발표했다. 진중권 91%, 변희재 6%의 결과로서 진중권이 압도적인 차이로 토론을 잘할 것으로 시청자들은 기대하였다.

　이러한 결과에 대해 변희재는 "이러한 잘못된 생각을 없애야 한다, 해당 분야에 전문 실력이 있느냐 없느냐로 따져야 한다"고 주장한다. 예전에 변희재는 "진중권과 같은 거짓 논객은 최소한 전문성을 갖춘 전문 논객이 상대해야 한다"고 말한 바 있다. 이날 토론에 임해서 변희재는 "진중권 교수의 논객 생명을 끝내겠다"고 장담하였다. 토론이 시작되기도 전에 신경전이 치열한 토론이었다.

드디어 진중권과 변희재의 1차 토론 배틀이 시작된다. 토론자들은 토론할 의제 설정에 대해 서로의 의견을 주고받는다.

의제 설정

일반적으로 의제는 사회자가 설정하며 토론을 진행한다. 그러나 〈사망유희〉에서는 큰 타이틀만 가지고 사회자가 최소한의 개입만 한다. 따라서 구체적으로 토의해야 할 의제마저 토론자들이 자율적으로 설정하게 되어 있다. 이런 형식의 토론은 이미 설정된 의제에 따른 토론보다 준비를 하거나, 토론 현장 대응에 있어서 훨씬 어려운 토론이다. 그래서 자신이 주장하는 의제가 아닌 상대방이 주장하는 의제가 설정되는 경우를 대비해서 큰 토론 주제와 관련된 자료들을 광범위하게 준비해야 한다. 특히 의제에 따라 팩트 확인이 중요한 토론일 경우 토론자들은 최대한 많은 자료들을 수집하여 만반의 준비를 하는 것이 바람직하다.

토론자는 토론 의제를 자신이 준비한 대로 설정하게 되면 토론에 유리하게 될 것이다. 그래서 토론 패널들은 토론이 시작되자마자 각자 자신이 준비한 의제를 관철시킬 의제 선점의 의지가 필요하다.

　토론이 시작되자마자 먼저 변희재가 의제를 설정하면서 주도권을 잡기 시작한다. 진중권은 의제 설정을 별로 중요하게 생각지 않고 순순히 상대방에게 양보한다. 그래서 토론 주제는 'NLL과 통일'인데, 변희재는 그가 사전에 준비한 대로 구체적인 토론 의제를 여섯 가지로 제안한다. 그리고 이를 시간순으로 진행할 것을 제안하고, 그 자신이 먼저 첫번째 의제부터 설명을 시작한다.

조롱하기

　NLL은 6 · 25 전쟁 정전 후에 유엔(UN)이 서해 5도와 북한 사이에 일방적으로 해상에 그은 선이다. 변희재가 먼저 논란이 되는 NLL 문제에 대해 설명한 후, 진중권에게 자신의 의견에 동의하느냐고 묻는다. 이때 진중권은 변희재의 설명에 동의하지 않는다는 취지로 점수를 매기며 비아냥거린다.

　진 중 권　　60점 드리겠습니다.

　이후 변희재가 NLL 문제에 대해 좀 더 설명하며 논의를 전

개하자, 진중권은 다시 한번 비아냥거린다. 이번에는 변희재가
가만히 있지 않고 조롱으로 맞받아친다.

진 중 권   계속 강의하시겠습니까? 이제 강의 그만하세요,
                변희재 씨의 주관적 해석에는 관심 없습니다.
변 희 재   모르시면 공부하시고.

이같이 토론자들 사이에 오가는 조롱은 바람직하지는 않지
만, 토론자들에게 심리적 영향을 주려는 의도가 있는 심리전의
전술로 보여진다. 그런데 심리전에서도 양측은 서로 물러서지
않고 팽팽한 대결 양상을 보여주고 있다.

되돌려치기

위 조롱에서 진중권은 비유법을 사용한다. 진중권이 변희
재의 일방적 설명을 '강의'라고 비유하고, 이에 변희재도 강의
라는 조롱을 전제하여 진중권에게 강의 듣고 '공부하라'고 똑같
은 비유법으로 되돌려친다. 상대방이 사용한 비유 공격 방법을
재치 있게 되받아치는 방어이자 역습 방법이다.

평가절하(깎아내리기)

평가절하는 상대방의 주장이나 증거 자료, 심지어 상대방

의 인격까지 그 실제적 가치보다 낮게 평가하는 방법이다. 진중권은 상대방이 제시한 팩트 설명을 '주관적 해석'이라고 깎아내린다. 그런데 진중권은 왜 변희재의 설명이 주관적 해석인지에 대해서는 그 논거를 제시하지 않는다.

팩트 주장

진중권은 토론 내내 변희재의 팩트 강의가 아닌 강의를 들어야 할 정도로 팩트에 대해 상대적으로 아는 게 적었다. 그래서 진중권은 변희재의 일방적인 팩트 설명을 듣고 인정하기도 하고, 말꼬리를 잡아 반박하는 방법을 택한다.

변 희 재　1999년도 유엔사의 입장이 뭐죠?

진 중 권　글쎄요, 얘기해 보세요.

변 희 재　1999년도 유엔사의 입장은 북방한계선은 실질적인 해상분계선이며, 지난 40여 년간 쌍방이 인정하여 지켜 온 엄연한 해상경계선으로 협의의 대상이 아니다.

진 중 권　실질적인 것은 인정해요. 그러나 국제법상 확인된 건 아니다. 실질적이란 말은 남북한의 합의가 안 되었다는 것이다.

발언 주도권

위에서 변희재는 진중권에게 팩트를 알고 있는지 단도직입적으로 물어본다. 상대방이 팩트에 대해 잘 모르고 있다고 추측하고 물어보는 공격이다. 이에 팩트를 잘 모르는 진중권은 결국 변희재에게 발언 주도권을 넘겨주게 된다.

그리고 잠시 후 변희재는 진중권이 유엔사 입장 전의 1996년도 얘기만 하고, 1999년도 유엔사 입장을 모른다고 지적한다. 변희재는 상대방이 모르고 있는 사실을 지적하고 설명함으로써 발언 주도권을 갖고 토론을 리드해 가고 있는 것이다.

> 변 희 재   연평 1차전이 발생하여 유엔이 해상경계선이라고 판단을 내린 것이다. 그러니까 과거 얘기하지 마세요. 1999년도 유엔사의 입장 몰랐잖아요. 제가 설명해서 안 것 아닙니까?

변희재의 이러한 지적에 대해 진중권은 직답을 하지 않고, 2007년도 얘기를 한다.

조롱하기

> 변 희 재   김대중 정권까지 NLL 논의한 적이 없습니다, 팩트입니다. 노무현 정권에서 달라진다. 이건 맞죠?

모르시면 공부하시고.

변희재는 계속해서 자신감을 보이며 팩트를 주장하고, 진
중권에게 공부하라며 비아냥거린다.

논점 회피
진 중 권 그만하면 안 될까요? 왜냐하면 계속 강의 비슷한
        걸 한다.
변 희 재 노무현 정권 때 얘기를 제가 말한다니까요.
진 중 권 (자료를 챙기며) 그만합시다.

변희재가 계속 팩트 설명을 하자, 이에 대해서 진중권은 어
이없다는 웃음을 짓고 그만하자며 팩트 확인이란 논점을 회피
하려고 한다. 진중권은 계속해서 변희재가 설명하는 팩트가 주
관적 해석이라고 치부하고, 더 이상 듣지 않으려고 한다. 이같
은 토론 양상은 계속된다.

진 중 권 김장수 장관의 말을 반박할 만한 새로운 팩트를 들
        고 오세요, 변희재의 주관적 해석엔 관심 없다.
변 희 재 네, 팩트를 얘기한다니깐요. 팩트와 해석을 헷갈리
        세요?

진 중 권   그 다음 다른 부분으로 넘어갑시다.

조롱하기

변 희 재   노무현 정권이 국민에게 NLL이 별로 중요하지 않
           다는 인식을 심어주고, 서해 바다에 대한 협상을 시
           작하는 거예요. 지금 진교수가 들고 보여주는 내용
           이나 제가 얘기하는 것이나 똑같은 내용입니다.

진 중 권   재밌네요. 굉장히 재밌네요.

변 희 재   처음 듣는 얘기죠? 공부를 하셔야지요.

변희재가 이전 정권에서 지켜 온 NLL을 노무현 정권이 협
상 얘기를 꺼낸 것이라고 설명한다. 의제와 팩트 논점에 대해서
진중권은 변희재에게 계속 물어보거나 배우는 입장이었다. 변
희재는 항상 자신감에 넘쳐 계속해서 답변과 설명을 한다. 진중
권은 상대방의 팩트 설명에 순순히 승복하는 태도를 보여 스스
로 토론 패배자의 모습을 만들어 간다. 변희재는 팩트 주장을
하면서 진중권에게 '모르면 공부하라' 비아냥거린다. 물론 청중
의 입장에서는 토론자가 억지를 부리기보다는 진중권처럼 자신
이 모르는 팩트를 솔직히 물어보고 인정하는 태도가 팩트 이해
에 도움이 될 수 있다.

도구 활용

변 희 재 (지도 판넬을 들고) 등면적은 뭐냐, 등거리로 하면 북한이 좀 불리해 보이니까 이렇게 연평도하고 강화도에다가 거대한 어장을 남쪽에 만들어 놓고, 면적을 맞춰야 하니까 고기도 없고 아무도 안 들어가는 백령도 위쪽에 또 만든 거예요. 요거 두 개 합치면 등면적이라는 거죠. 실제로는 그런데 여기에는 고기가 없습니다. 우리 어부가 들어갈 일도 없고, 들어가지도 않아요.

변희재는 공동어로수역 문제와 관련한 지도를 판넬에 그려와서 들고 설명한다. 변희재는 노무현 정권이 NLL의 등거리가 아닌 등면적으로 수역을 정하여서, 북측에 백령도 위쪽과 연평도 옆바다를 평화 바다로 내주려 하였다고 주장한다. 그림 판넬을 사용한 것은 청중의 이해를 돕고자 시각적인 설명 도구를 잘 활용한 경우라고 할 수 있다.

조롱하기

변희재는 북한이 NLL 협상을 요구하면 우리는 남북기본합의서, 비핵화 합의를 지키라고 북에 촉구하면 된다고 주장한다. 왜냐하면 북한이 핵미사일을 쏜 이후로 위 합의를 무효화시킨 것이기 때문이란 것이다.

이런 식의 변희재 주장에 대해 진중권은 비아냥거리고, 변희재는 다시 맞받아친다.

진 중 권 오케이, 굉장히 연구를 많이 하셨네요.

변 희 재 아, 공부 많이 했습니다. 이런 토론은 이렇게 말장난으로 할 수 있는 게 아니에요. 중요한 팩트들이 있기 때문에.

발언 주도권

사회자가 다음 의제로 넘어가면서 진중권에게 발언권을 주지만, 진중권은 이것마저 챙기지 못하고 우물쭈물하다가 결국 변희재가 "제가 할까요"라고 말해 변희재에게 양보하게 된다.

발언 주도권을 잡은 변희재는 등면적 대상인 공동어로수역에 대한 설명을 시작한다. 그에 따르면, 공동어로수역에 북한 해군 소속 배들과 중국 어선이 내려온다는 것이다. 그리고 이런 공동어로수역을 주장한 인사들이 현재 문재인 캠프에 들어갔고, 그들이 NLL을 무너뜨렸다는 것이 변희재의 주장이다.

이에 대해 진중권은 핵을 쏘는 북한과 대화하기 위해 등면적, 공동어로수역 얘기가 나왔음을 강조한다. 이와 관련하여 변희재의 추가 설명을 듣고 진중권은 그 내용을 처음 알게 되었다고 인정한다.

팩트 주장

변희재는 2007년 김일철 인민무력부장이 "평화수역과 공동어로수역에서 평화적인 교류 사업이 이루어지는 일정 기간 동안에는 불가침 경계선 문제를 논의하지 않는다"라고 말했다고 설명한다.

변 희 재　　무슨 얘기냐. 서해 바다 좀 내주면 NLL 까짓것 지켜줄게. 북한이 NLL을 인정해요. 노무현 대통령과 김일철 무력부장 얘기가 똑같아요. 서해 바다 차지하는 게 중요하지 NLL이 뭐가 중요하냐. 오히려 북한이 지키겠다고 얘기가 나와요. 이것을 김장수 장관이 막은 거예요.

진 중 권　　그 상황까진 제가 잘 몰랐다.

변 희 재　　모두 처음 듣는 얘기죠?

진 중 권　　예, 처음 듣는 얘기입니다. (풀이 죽어 낮은 목소리와 계면쩍은 표정을 짓자, 방청석 일부 웃음.)

변 희 재　　열심히 들으셔야죠.

변희재는 일방적으로 팩트를 설명하고, 진중권은 이를 들고서 몰랐던 사실을 인정한다. 변희재는 진중권에게 이를 확인하는 질문을 하고, 나아가 열심히 경청하라고 비아냥거린다.

발언 주도권

사 회 자　　NLL에 대해서, 더 준비해 온 것 있으신가요?

변 희 재　　더 해야죠. 많이 남았습니다.

진 중 권　　저는 충분히 된 것 같고.

변 희 재　　그러면 제가 5분만 더 쓸게요. 결론을 내야죠.

진 중 권　　예, 말씀하십시오.

계속해서 진중권이 발언권을 사용하지 않고 변희재에게 양보하게 되어 변희재는 또다시 5분의 공격 기회를 더 갖게 되며, 다음과 같은 주장을 한다.

변 희 재　　정권 교체 1년 후, 노무현이 정상회담 1주년 기념
　　　　　　식에서, 주권 일부 양보할 수 있어야 한다, 주권 좀
　　　　　　양보한다고 해서 큰일나는 것 아니다, 북한이 약속
　　　　　　안 지켜도 우리는 지켜야 한다(는 식으로 말했다).
　　　　　　여기서 주권은 영토다. 노무현이 남북기본합의서
　　　　　　와 비핵화합의를 안 지켜도 우리는 계속 퍼줘야 한
　　　　　　다고 솔직하게 얘기하는 겁니다.

이어 변희재는 당시 노무현 측근 인사들이 지금 문재인 캠프에 다 들어갔다고 주장한다. 그리고 그는 문재인 후보와 박근혜 후보 모두에게 각자 공동어로수역을 그려 보라고 주장한다. 변희재는 당시 북한측이 그린 공동어로수역을 PT로 보여주려고 했는데, 남측이 막았다고 주장한다.

반박

이같은 변희재의 강력한 주장에 대해 진중권은 다음과 같이 반박한다.

진 중 권   노 전 대통령은 통일의 관점에서 일반론을 말씀하신 것 같다. 변대표가 앞의 문장을 빼먹은 것 같다. 지금 유럽에서는 유럽의 통일을 위해서 주권의 일부를 양보하는 실험을 하고 있다, 라는 말이 앞에 있다. 주권 양보는 유럽 노동력 이동, 무비자 등과 같은 꿈을 표명한 것에 불과하다.

그 다음 토론 의제는 정문헌 의원의 비밀 대화록으로 넘어간다.

변희재는 대화록을 당장 공개해야 한다는 주장을 한다. 그러나 진중권은 공개하면 향후 외교적 행위가 불가능해진다는 이유로 공개는 안 된다고 반박한다. 정보 공개를 주장하라는 측과 정보 비공개를 주장하는 측은 공격과 방어의 양상으로 비쳐진다. 이로써 대화의 주도권은 여전히 공격을 하는 변희재가 갖고 있다고 보여진다.

변 희 재   공개가 안 되면 오히려 국가 안보에 위협된다. 기밀 공개는 대선 앞두고 노정권에서 이거 추진한 사람들이 문재인 캠프에 다 들어가 있는데, 서해 바다를 어떻게 할지 확인해야 한다.

진 중 권   국가간의 정상회담 같은 것은 30년 비공개하게 되어 있다. 문재인 후보도 공개하라고 했다.

변 희 재   새누리당도 공개하라고 했잖아요. 북한은 이적단체다. 국가간의 회담이 아니잖아요. 남북기본합의서에도 영역이란 단어가 안 들어가요. 다 구역이에요. 국가간의 합의가 아니에요.

진 중 권   남북정상회담이 이적단체랑 회담을 한 게 되나요. 희한한 논리가 있네요.

조롱하기

변 희 재   남북기본합의서가 어떻게 씌어져 있는지 모르시죠. 제가 설명해 드릴까요?

진 중 권   아, 잠깐, 또 강의하려구요, 오케이, 우리 변희재 대
         표, 공부 너무 많이 열심히 하셨어요, 예, 짝짝(박수)!

진중권은 자신이 모르는 내용을 변희재가 설명할 때, 인정
하는 자세가 아니라 비아냥거리는 소극적 공격의 태도를 취하
기도 한다. 변희재가 계속해서 진중권의 주장을 반박하면서, 상
대방의 무지를 조롱하듯 물어보아 진중권은 무지를 인정하는
대답을 할 수밖에 없다.

변 희 재   그거는 남북장성급회담에서 공동어로수역을
         얘기하기로 되어 있고, 그거와 별개로 군사공
         동위에서 NLL을 논의하기로 조항에 들어가
         있어요, 왜 부정하십니까? 모르셨죠?
진 중 권   예, 그건 몰랐습니다.

총 평

이상과 같이 토론 내용을 살펴볼 때, 이 토론은 팩트 주장,
조롱하기로 점철된 토론이었다. 즉 준비된 팩트 주장에 임기응
변적 조롱하기로 맞서는 양상이었다. 전체적으로 진중권이 변
희재의 팩트 주장과 발언 주도권 장악에 밀리는 토론 분위기였
다. 이 토론이 청중에게 준 교훈은, 토론자는 토론 전에 많은 정

보와 자료를 성실히 준비하고 숙지하여 토론에 임해야 한다는 것이다. 그래야 변희재처럼 자신 있게 팩트 주장을 하며 발언권을 주도할 수 있고, 진중권처럼 패색이 짙은 토론 진행을 피할 수 있는 것이다.

〈사망유희〉 1차 토론이 진행되는 동안 'GO발 뉴스'에서는 "진중권·변희재 씨 중 누가 더 토론을 잘한다고 생각하십니까?"란 내용의 여론조사를 진행했다. 여론조사 결과, 변희재 55%로 진중권 44%를 눌러 변희재가 토론을 더 잘한 것으로 나타났다. 토론 전에는 진중권 91%, 변희재 6%로서 진중권이 압도적으로 토론을 잘할 것으로 기대했던 것과 비교하면, 진중권이 청중의 기대에 크게 못 미친 것이다. 진중권은 단지 토론 자료 준비와 공부를 소홀했던 것뿐만 아니라, 토론 매너가 부족했던 점에서도 청중을 실망시켰다. 청중이 깨닫게 된 사실은, 진중권이 글은 잘 쓰지만 토론 실력은 부족하다는 것이었다. 사실상 글재주와 말재주는 반드시 일치하지 않는다.

토론이 끝난 후 진중권은 "변희재가 오늘은 토론 준비를 철저히 해왔더군요. 팩트에서 밀렸습니다. 아무튼 오늘만은 그 친구를 칭찬해 주고 싶습니다"라고 패배를 인정하였다. 그런데 나중에 진중권은 위 토론에서 상대 패널 변희재가 주장한 얘기들이 팩트가 아니었다고 주장하였다. 이에 따라 팩트 체크를 할 다음 토론을 기대하였지만, 진중권이 황장수와의 2차 토론에서

돌연 토론을 중단하고 도중 퇴장하여 이후 변희재와의 재토론
도 이루어지지 못했다.

진중권·황장수의 〈사망유희〉 토론 '대통령 후보 검증'

사회: 이상호 MBC 기자
토론자: 진중권 교수 vs 황장수 소장
토론 주제: 대통령 후보 검증

2012년 11월 18일, 제2차 〈사망유희〉 생방송 토론 배틀의 토론자는 진중권과 황장수이다. 진중권은 동양대학교 교수이고, 황장수는 미래경영전략연구소 소장이다. 토론 진행자는 1차 때처럼 MBC 출신 이상호 기자다.

이날의 토론 주제는 대선 주자 3인에 대한 검증이다. 사회자가 나중에 말했듯이 "워낙 토론이 실종된 대선 기간이다 보니까, 이렇게라도 저희가 대리 욕구를 채우시라고 기회를 만들었다"는 데에 토론의 의미가 있다.

한편 '누가 토론을 잘할 것 같은가?'라는 토론 전 시청자 조사 결과는 진중권 22%, 황장수 76%로서 황장수가 토론 능력을 더 인정받았다. 그리고 토론은 시작되었다.

의제 선점

토론 시간은 안철수·문재인·박근혜 후보 검증에 토론자

각각에게 25분씩 할애된다. 사회자는 박근혜·문재인·안철수 순으로 토론을 진행하자고 한다. 진중권은 안철수부터 토론하자고 제안한다. 이전에 1차 토론에서 변희재에게 순순히 의제 설정을 양보했던 것과 달리 진중권은 의제 설정에 적극적이다. 결국 진중권의 뜻대로 의제 순서가 설정된다. 자신이 원하는 의제를 처음 다루게 됨으로써 토론은 일단 진중권에게 유리하게 진행될 듯한 인상을 주면서 시작된다.

합리적 의심

황장수가 먼저 안철수 기업과 관련해서 합리적 의심을 제기한다. 황장수는 맥아피의 천만 불 매각 제안설에 대해 안철수가 거짓말을 하고 있다고 주장한다. 시간적 추이와 안철수측의 근거 제시가 없는 것으로 보아 의심이 간다는 주장이다.

황 장 수　안철수에 따르면, 97년 5월 맥아피사가 안철수에게 천만 불에 팔라고 제안했는데, 안철수가 이를 거절하고 합작회사를 만들자고 제안했다. 그러니까 맥아피가 그것을 거절하고 유통 제휴를 제안했다는 것이다. 그런데 얼마 전에 두 사람이 97년 11월 맥아피사 관련 제품들을 공급하기 위한 조인트 벤처 총판을 만든다고 했다. 이것만 보더라도 팔라고 했다는 제안이 아니라는 것이다.

(······)

진 중 권   근데 거짓이라면 근거가 있어야 될 거 아닙니까?

황 장 수   여러 번 공중파에서 얘기를 했다. 예를 들어 1천만
불 정도의 M&A를 하려면 6개월에서 1년 사이에
이르는 15단계 과정이 있다. 시장 실사도 하고, 조
사도 한다. 그런 여러 단계에서 여러 가지 서류가
왔다갔다 했을 것이고, 마지막에 양쪽 회장이 서로
사인하고 끝이 나지요. 그런데 지금 안철수 씨 쪽
은 그렇게 왔다갔다 한 근거를 제시하지 못하고 있
고, 저한테 법적 조치도 안하고 있지 않은가?

황장수는 계속해서 의혹점들을 지적하면서 진중권에게 반
문한다. 진중권은 대응은 하지만 반박할 만한 근거 제시는 없다.

평가절하

진 중 권   아, 그건 이제 황장수 선생님이 생각하고 있는 주관
적인 프로세스인 거 같구요.

안철수의 맥아피 제안설 의혹과 관련하여, 황장수는 일반
적인 기업 인수 프로세스를 설명한다. 진중권은 황장수의 설명

이 주관적인 생각일 뿐이라고 평가절하한다. 진중권은 1차 토론에서도 그랬듯이 상대방 토론자의 사실 관련 주장을 '주관적'인 것으로 몰아붙이는 전술을 자주 구사한다.

대인 비판 (인신 공격)

황 장 수   교수님, 진교수님은 거래를 해보셨어요? 처음 만나서 가격을 얘기하고 시작합니까?

진 중 권   그럼 안철수 씨는 사업도 안해 보셨습니까? 사업 해 보신 분의 얘기이다.

거래 관련 팩트 내지 일반적 사실을 찾는 논점에서 갑자기 황장수는 진중권의 개인적 사업 경험을 공격적으로 물어본다. 진중권은 당황하지 않고 직답을 회피하며 안철수의 경험이라고 대답한다. 황장수의 이같은 인신 공격 방법은, 상대방의 경험이나 직업 등을 거론하며 그 상대방이 토론 의제와 관련된 경험이나 전문성이 없음을 부각시키는 효과적인 공격 방법이다.

발언 주도권

황 장 수   아니, 제 말 좀 들어 보세요.

진중권은 황장수의 발언 기회 요청을 무시하고 계속해서

발언한다. 진중권이 황장수에게 반박할 기회를 주지 않고 계속해서 말을 하다가, 급기야 황장수가 사회자에게 발언권을 신청하기에 이른다. 그럼에도 진중권은 계속 말을 이어간다. 사회자가 강력하게 발언을 제지하기까지 토론자가 계속 자신의 발언을 이어가면서 발언을 주도하는 것은 무례하다는 인상을 준다. 그러나 토론자가 하고 싶은 말을 다 할 수 있다는 측면에서는 실리를 챙기는 방법이다.

맥아피 의혹 의제에 대해서는 토론자들이 서로 이견을 갖고 있음을 인정하고, 이후 그 다음 의제로 넘어가서 토론은 계속 진행된다.

의제 선점

다음 의제로서 황장수가 안철수 딸의 미국 호화 유학에 대한 의혹을 제기한다. 황장수는 안철수의 딸이 거주하는 필라델피아의 집에 관련된 동영상을 보여준다.

> **황 장 수** 안철수 딸이 필라델피아에 거주하면서 사용하고 있는 고급 콘도입니다. 그 콘도는 월 렌트 비용이 5천 불입니다….

의제 회피

황장수가 안철수 딸의 호화 유학 등의 문제를 의제로 설정하자, 진중권은 이 의제가 '토론 의제와 상관없다'며 계속적으로 의제를 회피하는 모습을 보인다.

> **진 중 권**　사회자님, 저거 지금 토론이랑 무슨 관계가 있지요?
>
> **사 회 자**　일단 주장하는 거 들어 보고 말씀하시죠.
>
> **황 장 수**　안철수 가족은 미국 팔로알토에서, 강남 8학군 팔로알토에서 2백만 불에 월 렌트로 하자면 7천 불이 되는 강남 8학군에서 거주했습니다. (…) 안철수 씨 가족은 세 명이 유학을 할 때 합계 최소 27만 불을 썼고요… 해외 유학 기간은 21년입니다.

황장수가 발언을 계속하자, 진중권은 이 의제에 대한 토론을 회피하고자 계속적으로 이의 제기를 한다. 이때 진중권은 황장수의 팩트 주장을 '네거티브' '반칙'으로 폄하하며 의제 회피의 근거를 댄다.

> **진 중 권**　이상호 기자, 저건 지금 무슨 네거티브(폭로)하러 나온 거잖아요, 지금.

진 중 권　토론하러 나온 게 아니라…….

진 중 권　저건 토론의 주제가 아니거든요? 왜냐하면 저건 제
　　　　　가 설명할 수 없는 거 아닙니까?

진 중 권　이거는 말이 안 되는 겁니다. 지금 반칙을 하고 있
　　　　　는 겁니다.

〈사망유희〉 토론에서는 토론할 큰 주제만 있을 뿐 원래 구
체적인 의제가 사전에 정해진 것은 없다. 〈사망유희〉 1회차 토
론에서 진중권은 변희재가 준비해 온 의제 설정에 따른 바가 있
다. 이번 2차 토론에서도 맥아피 관련 안철수 기업에 대한 의제
는 토론자들 사이에서 자연스럽게 설정된 것이다.

　그런데 안철수 딸에 대한 의혹 의제 설정에 대해선 진중권
이 처음부터 강력하게 반발하고 나선다. 그 이유는 안철수 딸
에 대한 의혹 의제는 토론 주제와 관련이 없다는 것이고, 자신
의 딸이 아니기 때문에 제3자인 진중권이 설명이나 논박을 할
수 없는 의제라는 것이다. 하지만 황장수는 대통령 후보의 자녀
가 호화 유학 생활을 한 것은 토론 의제가 된다는 입장이다. 토
론자들은 후보 가족에 대한 의혹 제기가 후보 검증 토론의 의제
가 될 수 있는 여부에 대해 토론하였어야 한다. 물론 대통령 후
보 검증에서 후보 가족에 관한 의혹 제기도 당연히 토론 의제가
된다.

황 장 수 아니, 우리가 주제를 정한 적 있어요? 맥아피 갖고
시간 끌려고 한 거 아닙니까?

진 중 권 토론하려면 (제가) 논박을 할 수 있는 주제를 가지
고⋯⋯.

황 장 수 아니, 그래서 제가 말씀을 드리잖습니까, 반박을
해 보세요. 호화 유학 생활에 대해서.

이중 잣대

진중권이 안철수 딸의 호화 유학 관련 의제를 회피하는 또
다른 이유는, 안철수의 딸이 자신의 딸이 아니기 때문이란 것이
다. 자신의 딸이 아니라서 토의할 수 없다는 논리이다.

진 중 권 아니, 내가 그걸 어떻게 반박을 합니까? 내가 그
사람 딸⋯⋯ 그 사람이 내 딸입니까?

황 장 수 오늘 유학⋯⋯.

진 중 권 아니, 그건 웃기는 거예요. 왜 그걸 나한테 들고 옵
니까?

황 장 수 아니, 아까 맥아피는 안 막히고 잘하시대.

진 중 권 아니, 그분이 제가 낳은 딸입니까? 전 그런 딸 둔
적 없거든요?

(⋯⋯)

황장수는 안철수 후보가 딸의 유학과 관련되어 거짓말을 한 것이 있다며, 호화 유학 의혹을 의제로 설정할 당위성을 주장한다. 진중권은 이런 의혹 제기를 무시한다. 진중권은 계속해서 안철수 딸이 진중권 자신의 딸이 아니므로 그와 관련된 의제로 토론할 수 없다는 입장이다. 이로써 토론자들은 토론 패널의 가족이 아니면 대통령 후보 가족에 대해서 토론할 수 없는지 등 의제에 대해 더 의논했어야 한다.

황 장 수   유학 가기 싫다는 애를 떼놓고 갔다는데, 둘 다 부부가 거짓말을 한 겁니다. 당시에 초등학교부터 미국 시애틀에서 다니고 있었습니다.

진 중 권   황장수 씨…… 이 사람이 내 딸입니까? 내가 해명해야 됩니까, 그것을?

        (……)

황 장 수   호화 유학에 대해서 토론하자는 거 아니에요, 강남 8학군, 미국에.

진 중 권   아니, 내 딸이냐고? 도대체, 그 사람이…….

물론 이렇게 토론자가 자신의 딸이 아니라 하여 토론을 거부하는 것은 이치에 맞지 않는 일이다. 대선 후보 검증 토론에서 후보의 가족에 관련된 문제를 제기할 수 있기 때문이다. 그런데 진중권은 안철수 딸의 호화 유학 의혹에 대해서 자신의 딸이 아니기 때문에 토론 의제가 될 수 없다는 입장이다.

여기서 진중권의 이중적 태도가 드러난다. 진중권은 과거에 이회창의 아들, 이명박의 손녀, 나경원의 딸에 대해 자신의 자식들이 아님에도 의혹 제기를 한 바 있다. 따라서 진중권이 안철수의 딸에 관한 의혹에 대해서 자신의 가족이 아니므로 토의를 회피하는 것은 이중적인 태도라 할 수 있다. (훗날 진중권은 정몽준의 아들 문제를 거론하기도 한다.)

진중권이 토론을 회피하는 이유는, 이 의제에 대한 준비가 부족해서 당황한 나머지 이중적 태도를 보여서라도 안철수에 대한 불리한 얘기를 막아 보려는 것이다. 토론에서 자신이 모르거나 자신이 없는 내용이 나오면 이를 회피하고 싶은 것은 자연스런 방어 심리이다. 하지만 토론 회피의 이유를 좀 더 설득력 있게 기술적으로 설명하지 못한 점은 토론자의 능력 부족이라고밖에 볼 수 없다.

반박과 재반박

이후 의제는 안철수 기업 관련 검찰 조사 이야기로 잠시 바뀐다. 황장수는 자신이 준비해 온 자료를 가지고 거침없이 진중권을 공격한다. 황장수가 주장하는 안철수의 상법 위반 사실은 "회사채는 3억 4천만 원 발행하고, 신주인수권은 25억 원을 액면 그대로 갖고 가는 것"이다. 따라서 "안철수는 회사채를 86.5%를 해서 25억짜리를 3억 4천만 원에 떼어 갔다" "BW 발행해서 300억을 벌었다" "증여세 한푼 안 냈다"는 주장이다. 이에 대해 진중권은 당시 시점에서는 허용된 일이었다고 반박하고, 황장수는 다시 재반박하는 등 토론은 그 열기를 더해 간다.

증거 싸움

진중권은 지난 1차 토론에서 상대방 변희재의 팩트 공격에 의해 패배한 경험을 의식한 듯 이번 2차 토론에서는 나름대로 팩트 관련 증거 수집을 한 것 같다. 진중권은 BW 허용에 관한 기사를 인용하면서 황장수에게 기사 내용을 사실로 인정하라고 요구한다. 그러나 황장수는 상대방의 기사 자료를 인정하지 않으려 하고, 자신의 자료를 들이댄다.

사회자가 토론자들의 언쟁을 말리고 중재를 서서, 이윽고 토론 의제는 다음 의제로 바뀐다. 의제는 조금 전에 황장수가 꺼냈던 안철수 후보의 딸에 대한 의혹이다. 황장수는 안철수 후보 딸의 고액 과외, 호화 유학, 이중 국적, 교육에 의한 신분 대물림, 외화 밀반출 등에 대한 의혹을 제기한다.

조롱하기

황장수가 안철수 후보 딸에 대한 의혹을 계속해서 제기할 때, 이 의제 설정을 반대하며 회피해 오던 진중권은 시종일관 비웃음을 짓는 태도를 견지한다.

황 장 수 안철수 씨는 평소에 특권 철폐, 기득권 철폐를 말하면서, 딸은 사립 초등학교를 나와 1백만 원 고액 과외를 받는다.

진 중 권 (하하하 비웃음) 저게 뭐하는 겁니까, 지금.

황 장 수 안철수 씨는 부모에게 땅과 아파트를 세습받고, 그리고 그 딸을 미국에, 강남 8학군 팔로아트 씨엘텍 등에 보내서 초호화 유학 생활을 하게 했다. 이런 사람이 젊은 청년들에게 가서 힐링을 얘기하고, 치유를 얘기하면 안 된다고 생각을 한다. 그리고 가장 중요한 것은 안철수 씨 딸이 당시에 부모도 유학 가기 전에 먼저 가서 미국에서 유학 생활을 했다. 도대체 미국 공립학교에 어떻게 들어갈 수 있었는가. 시민권이나 영주권, 상사 종사자라던지, 외교관이 아니면 공립학교에 들어갈 수 없는 것이다. 그리고 안철수 씨 딸은 공식 논문에 석 자를 쓰는데, 미들 네임을 영어 닉네임을 넣어서 쓴다.

진 중 권 헤헤. (비웃음)

황 장 수 공식적인 문서에 왜 석 자를 썼는지, 이런 것들이 규명되어야 된다고 본다. 가장 중요한 것은 안철수 씨가 자기 딸을 이렇게 교육시켜 놓고서, 자기 책에서는 교육에 인한 되물림을 막겠다, 즉 교육 격차가 신분의 격차를 낳기 때문에 교육에 의한 신분 되물림을 막겠다고 이야기를 하고 있다. 그래서 안철수 씨가 이렇게 말을 하는 것은 굉장한 위선이라고 본다. 그 다음에 안철수 씨가 송금을 연 3억 원 가량으로 가족 세 명이 생활하면서 사용했는데, 이런 송금액이 어떻게 미국으로 송금될 수 있었는가. 유학생들은 5만 불만 갖고 나갈 수 있고, 일반 사람들은 1만 불밖에 가지고 나가지 못한다. 이런 송금과 관련되는 의혹이 풀려야 될 것 같다.

논점 전환

황장수가 안철수 딸에 대한 의혹을 계속해서 제기하자, 진중권은 이 의제를 회피하면서 아까 토론했던 BW건으로 다시 논점을 전환하고 싶어서 이와 관련된 반론을 제시한다.

진 중 권 황장수는 안철수 씨가 거래가를 저 터무니없게 싸게 샀다고 말한다. 그러나 〈머니투데이〉 기사를 보면, 대다수의 증시 전문가들은 황소장 주장이 터무

니없다고 지적한다. (……) 결국 금감원은 관련 기록을 재검토했지만, BW 발행 및 행사 과정에 별다른 문제점이 없다고 하고, 국세청도 증여세·양도소득세 등 문제가 없다고 한다.

진중권은 신문 기사와 정부기관의 기록을 근거로 안철수의 무혐의를 주장한다.

조롱하기

그러자 황장수는 정부기관 기록을 신뢰하는 진중권을 조롱한다. 황장수의 조롱은 타이밍도 적절하고, 반격의 효과도 있다.

황 장 수   오늘은 (진교수가) 정부기관들을 굉장히 신뢰하시네요.

증거 싸움

토론자 사이에 사실 확인을 위한 증거 싸움은 토론 막바지까지 계속된다. 진중권은 신문 기사를 증거라고 제시하지만, 황장수는 이를 인정하지 않고 직접 증거인 국세청이나 금감원의 서류를 요구한다. 황장수가 상대방이 갖고 있지 않을 서류라는 것을 짐작하고 요구한 것은 전략상 잘한 것이다.

사 회 자	자, 정리하시죠.
진 중 권	쉽게 말하면 3대 사정기관이, 금감원·국세청·검찰이 아무 문제도 없다고 하는 것이다, 지금. 황장수 소장 혼자서 그러는 것이다.
황 장 수	문제가 없다고 그런 서류를 떼어 왔어요? 근거를 가지고 왔어요, 진중권 씨?
진 중 권	아니, 제가 자료 근거 갖고 왔잖아요?
황 장 수	아니, 국세청이 문제 없다고 했고, 금감원도 문제 없다고 한 것을 가져오셨어요?

마무리 발언

일반적으로 토론이 끝날 무렵 사회자는 토론자들에게 마무리 발언의 기회를 준다. 이 토론에서도 토론자는 각자 2분씩 자신의 주장을 요약 정리할 기회를 갖게 된다. 물론 이 마무리 시간을 토론자가 앞서 미처 다하지 못한 발언 내용으로 충당할 수 있다.

황장수는 마무리 발언에서 앞서 하지 못했던 말을 보충하고, 마지막 몇 초간은 간결하게 자신의 주장을 요약한다.

사 회 자	안철수 후보 전체에 대해서 총론적으로 판단하시고 정리하겠습니다.

황 장 수	예, 저는 안철수 씨의 3대 신화도 허위고요. 아까 진중권 씨가 이야기한 안철수 씨의 저가 발행에 있어서 2000년 9월에 누구한테 팔았느냐 말 못하잖습니까? 최근에 기자가 안철수 씨 연구소에 그 주식 흐름에 대해서 문제가 있다, 그래서 자료를 달라니까 금융 자료는 줄 수가 없다, 왜 못 주냐, 황장수한테 건너갈까 봐 줄 수가 없단다.
진 중 권	하하하.
황 장 수	그 다음 안철수 씨의 모든 신화, 서울대 교수부터 포스코이사회 의장, 이명박 정권에서 5개 위원회, 또 1개 위원장, 그리고 회사가 받은 숱한 혜택이 있다. 안철수 씨는 지난 세 개의 정권마다 정권과 결탁해서 승승장구해 왔다. 더 나아가 자기 회사에 장애인 고용도 0.6%밖에 안 돼서, 2.5% 미만 고용에 해당되어서 벌금을 냈다 한다. 그리고 청년회 고용과 비정규직을 이야기하면서 상시 고용률이 50% 이하다. 그래서 안철수 씨가 말하는 교과서에 기재된 신화들은 정권과의 결탁에 의해서 된 것이다. 안철수 씨가 말하는 공정성과 특권, 기득권 폐기, 그리고 미래 지향성 등 이런 모든 부분들은 한마디로 자기 자신과 가족을 빼고 남은 서민이나 중산층에게 해

당된다는 이야기다. 그것이 제가 보는 안철수 씨의
실체이다.

이와 같이 황장수는 준비한 내용을 빠짐없이 다 발표한다.
그 다음은 진중권의 마무리 발언 차례이다.

말자르기와 끼어들기

황장수의 마무리 발언 도중에 진중권도 한 차례 말을 자르
고 끼어들려고 하나 사회자에 의해 제지당한다. 한편 진중권이
마무리 발언을 할 때에 사회자의 제지가 없어서, 황장수는 여러
차례 말자르기를 하고 끼어든다. 이 때문에 진중권은 황장수에
게 신경질적인 반응을 보였으나, 황장수는 개의치 않고 계속해
서 끼어들기에 성공한다.

사 회 자   네, 좋습니다. 진중권 교수께도 2분의 시간 드리겠
습니다.

진 중 권   예, 황장수 씨의 판타지 잘 들었다. 황장수 씨는 문
제가 없다, 라고 한 3대 사정기구들을 의심한다. 굉
장히 이상한 논리다. 만약 야권 대선 주자에게 사상
최대의 정치 테마주에 관한 이 정도의 의혹이 나왔
다면 벌써 몇 번 죽었을 것이다.

황 장 수	안철수 후보는 야권이 아니다.
진 중 권	여권 안에 비상식적 행동의 배후에는 MB나 친이의 존재를 상정하지 않고는 도저히 답이 안 나온다.
황 장 수	요즘 많이 그렇게 생각하지 않는가?
진 중 권	제가 말하고 있을 때는 가만히 좀 계세요! 쉽게 말하면, 사정기관에서 (황장수) 자신의 말을 안 받아주면 사정기관을 의심한다. 사정기관이 누구인가? MB이지 않는가? 그래서 안철수는 MB의 아바타다.
황 장 수	오늘 그것을 광고해 주셔서 고맙다.
진 중 권	최근에는 또 투표 용지건으로 선관위의 배후에 또 뭐가 있다라던지.
황 장 수	아, 저는 그렇게 생각해요.
진 중 권	그리고 서울대에서 논문 표절 없다, 라고 하면 (황장수 씨는) 서울대가 이상하다고 그런다.

평가절하와 조롱

진중권은 자신이 준비한 기사 내용을 중심으로 공기관의 판단을 인정하는 한편, 황장수의 주장을 판타지로 깎아내리고 일축한다. 그러자 황장수는 공기관을 믿는 진중권을 조롱한다.

진 중 권	황장수 씨와 토론할 때는 공식적으로 확인할 수가

없다. 검찰에서 문제가 없다고 하니 검찰이 이상하다, 서울대서 〈논문 표절〉 문제가 없다니까 서울대가 이상하다, 선관위에서 문제가 없다니 선관위가 이상하다, 배후에 MB가 있다, MB 아바타다 등, 지금 판타지 소설을 쓰는가?

황 장 수   그런데 진중권 씨가 오늘은 정부기관을 굉장히 신뢰를 한다.

증거의 신빙성, 끼어들기

진중권은 정부기관의 자료를 사실 증거로 주장하고, 황장수는 이를 인정하지 않는다. 그리고 진중권의 마무리 발언 도중 황장수의 끼어들기는 계속된다. 황장수는 적절한 타이밍을 포착하여 재빠르게 말을 자르고, 짧은 말로 끼어들고, 진중권은 이에 말려 들어가는 형국이 된다.

사 회 자   잠깐만요.

황 장 수   정부기관을 들어서 전부 근거를 제시하고.

사 회 자   자, 진교수님, 50초 남았는데 쓰시겠습니까?

진 중 권   독일 극우파 농담을 한번 얘기를 할게요. 이분하고 토론하는 거 보셨죠? 지금 저는 증거 제시를 전부 하는데, 이분은 전부 거부합니다.

황 장 수　　저도 지금 증거 전부 있죠.

진 중 권　　말하고 있을 땐 가만히 계세요.

황 장 수　　남을 폄하하는 말을 하면 안 되죠.

진 중 권　　가만히 있으라니깐요.

황 장 수　　거짓을 말하고 있잖아요, 지금 당신이.

조롱하기

진중권은 황장수가 준비한 영상 자료를 조롱한다.

진 중 권　　아파트 사진 잘 봤고요. 아주 좋더라구요. 인테리어
　　　　　　가 맘에 들더라구요.

황 장 수　　안철수 딸이 산 겁니다, 필라델피아에.

진 중 권　　제 딸 아닙니다.

예 시

　　진중권은 황장수의 주장이 억지라는 점을 부각시키기 위해
독일 극우파의 예를 든다. 진중권에 따르면, 극우파는 히틀러의
일기가 발견됐다고 좋아했는데, 일기 종이가 50년대에 생산된
종이었다. 그러자 극우파들은 그때 총통이 살아 있었다고 억지
주장을 한다는 것이다.

　　진중권은 황장수의 논리가 이런 극우파의 억지 논리와 같

다고 빗대어 비판한다. 이처럼 상대 토론자를 비판할 때 직접적인 비판보다는 예를 들어 빗대어 비판하는 예시 비판이 효과적일 수 있다. 진중권은 황장수를 독일 극우파의 이미지와 오버랩시킨 것이다.

이중 잣대

황장수는 안철수 기업에 대한 정부기관의 조사 결과를 불신하고, 이와 관련된 기사도 증거로 인정하지 않는다. 그런데 진중권은 정부기관의 조사 결과를 보도하는 언론 기사를 사실로 전제하고, 왜 증거로 인정하지 않느냐고 황장수에게 따진다. 이때 황장수는 진중권의 이중적 태도를 비판한다. 즉 과거 사건에서는 진중권이 정부기관 등에 음모론을 제기한 사실이 있다는 것이다. 황장수의 반격은 적절하고, 효과가 있다.

> **황 장 수**　아니, 광우병 때는 진중권 씨가 음모론을 제기하지 않았습니까?

비유, 평가절하

황장수의 이중 잣대 비판에 대해서 진중권은 적절한 대응을 하지 않고, 곧바로 황장수의 주장을 판타지 소설로 비유하면서 그의 주장이 사실이 아니라 허구라고 폄하한다. 진중권은 상대방의 주장을 '주관적 주장' '판타지 소설'로 깎아내리는 전략을 자주 사용한다.

> 진 중 권   그러니까 이분이 말하는 것도 지금 완전 판타지 소설이거든요. 제가 다 반박하지 않았습니까?

증거 인정

토론이 끝날 때까지 팩트 인정을 위한 증거 인정 싸움, 그리고 토론 의제 설정에 대한 싸움이 계속된다. 황장수는 이미 진중권이 제시한 안철수 기업 관련 증거를 인정하지 않는다고 말했으나, 진중권은 계속해서 자료 인정을 요구한다. 동시에 황장수는 다음 의제로서 안철수의 딸에 대한 의혹 제기를 하지만, 진중권은 이에 대해 자기의 딸이 아니라고 말하면서 토론을 회피한다. 급기야 진중권이 일방적으로 토론을 중단하기에 이른다.

> 황 장 수   아니, 이것보다 더 중요한 의혹이 어딨어요? 대선 후보가 외화를 밀반출했는지, 안했는지.
>
> 진 중 권   자료를 제시하면 인정을 해야 할 거 아닙니까?
>
> 황 장 수   아니, 대선 후보가 말하는 중요한 거짓말을 말하는 건데. 중1 때 자녀를 유학 보냈다 했는데, 그게 아니라고 자료 가져왔잖아요.

진 중 권   아, 제 딸 아니거든요? 저한테 묻지 마세요. (마이크
          던지고 퇴장.)

황 장 수   지금 진중권 씨 도망 가고 있습니다.

이상에서 살펴본 것처럼 양측 토론자가 평행선을 달리다가
결국 토론은 파행으로 끝난다. 즉 화가 난 진중권이 마이크를 던
지고 퇴장한다. 진중권은 자신이 제시한 기사 자료를 황장수가
인정하지 않고, 또 자신의 딸이 아닌 안철수의 딸에 대해 황장
수가 계속된 의혹 제기를 하자, 불쾌한 감정을 폭발시킨 것이다.

총 평

지난번 토론 때와는 달리 진중권은 의제를 주도적으로 선
택하여 안철수 후보 검증을 먼저 시작했다. 토론 초반에 안철수
기업 의혹에 대해선 황장수와 팽팽한 토론을 했다. 증거 싸움이
있었고, 반박과 재반박이 이어졌다. 그러나 토론 중반부터는 진
중권이 사전에 토론을 치밀하게 준비하지 못한 나머지 1차 토
론에 이어 다시 또 밀리는 양상을 보였다. 즉 진중권은 안철수
딸의 유학에 대한 사전 조사를 하지 않았는지 토론 중반부터는
이 의제를 회피하는 태도를 보였다. 안철수 딸이 진중권 자신
의 딸이 아니라서 토론할 필요가 없다는 진중권의 주장은 설득
력이 없다. 대선 후보 검증 토론에서는 후보의 가족에 관련된

문제까지도 얼마든지 거론될 수 있기 때문이다. 진중권은 계속해서 안철수 딸에 대한 의제를 회피하면서 상대방 토론자를 조롱하는 태도를 보였다. 진중권은 그런 태도를 보이기보다는 오히려 상대방의 말을 잘 듣고 논리의 허점이나 사실 확인 여부를 지적하는 태도를 취하였어야 했다. 한편 황장수는 진중권이 발언할 때 자주 끼어들며 말을 잘랐고, 진중권을 조롱하는 등 노련하게 토론을 이끌어 갔다.

또 한편, 토론에서 한 토론자의 일방적인 토론 중단 선언을 토론 기권으로 볼 것인지, 혹은 그것마저 토론 표현 방식으로 볼 것인지는 논외라 하더라도 예상하지 못한 진중권의 돌발적인 퇴장은 방송 사고임에 틀림없다. 진중권은 이런 토론이 더 이상 무의미하다고 나름대로 판단을 하고 토론을 중단시킨 것으로 보인다. 그러나 이같은 일방적인 토론 중단 행동은 예정된 100분 토론 시간을 50분 만에 끝냄으로써 시청자에 대한 약속을 지키지 못한 것이다. 그리고 나머지 후보들인 박근혜 · 문재인 후보들에 대한 검증 토론을 전혀 하지 못한 결과를 초래하여 진중권은 결국 국민의 알 권리를 무시한 것이다. 토론의 목적은 상대방 패널을 설득시키는 것보다 궁극적으로 청중을 설득하는 데에 있다. 진중권은 퇴장하지 말고 좀 더 인내심을 갖고 청중 설득에 노력을 하였어야 했다.

두 차례 이어진 일련의 토론에서 진중권은 그의 저술이나

SNS에서 얻은 명성이나 기대에 못 미치는 토론 실력을 보였다. 아니, 애초부터 청중의 믿음이나 기대가 잘못된 것이었다. 왜냐하면 글 실력이 토론 실력과 반드시 일치하지 않는데, 청중이 막연한 추측과 기대를 했기 때문이다. 글과 말은 다르고, 글 실력과 말 실력은 반드시 일치하지 않는다. 글은 자료를 준비하고 사고를 정리하는 시간을 필요로 하고, 일방적인 주장을 담는다. 한편 토론은 자료를 준비하는 것 이외에 현장에서 즉각적으로 대응할 전략도 짜야 하고, 임기응변의 기술이 필요하다. 비유하자면 글은 녹화 편집 방송이고, 토론은 생방송이기 때문에 더 많은 준비와 전략이 필요하다. 두 차례 〈사망유희〉 토론은 이 점을 확인시켜 준 의미 있는 토론이었다.

송민순 회고록에 나타난 문재인에 대한 여야 논평전

논평자들: 새누리당 국회의원들 vs 더민주당 국회의원들
논평 주제: 송민순 회고록에 나타난 문재인의 안보 통일관

논평(論評, comment)이란 사건, 시사 문제, 또는 그와 관련된 말이나 글에 대하여 그 가치나 시비 · 영향 등을 따져서 평가하는 것이다. 논평은 비교적 짧은 말이나 글로 한다. 정치인들은 비교적 말을 잘하고, 또 잘해야 하는 직업군에 속한다. 여야 정치인들은 저마다 언변을 자랑하듯 곧잘 신랄하고 화려한 논평전을 펼친다.

2016년 가을경 전 외교통상부장관 송민순 씨가 펴낸 회고록《빙하는 움직인다》를 두고 정치권은 삽시간에 논평전(戰)에 휩싸이게 되었다. 유엔 북한인권결의안 찬반에 관련된 회고록의 일부 내용이 문제가 된 것이다. 즉 회고록에는 결의안 찬반 문제를 우리 정부가 북한에 문의했다는 기록이 나오는데, 이 문의 과정에 문재인 전 더민주당 대표가 개입하였는지 여부가 정쟁이 된 것이다. 여야 정치인들이 문재인에 대해 각자 자신의 정치적

입장에서 논평을 하기 시작했다. 이 논쟁은 대선 유력 후보자인 문재인 전 대표에 대한 안보 통일관 검증 논쟁이 되었다.

문제의 회고록 내용은 노무현 정부 시절, 유엔총회 북한인 권결의안 표결에 앞서 정부 내 고위 인사들 간의 회의에서 있었던 일에 관한 것이다. 논쟁이 된 책의 내용은 다음과 같다.

나의 주장이 계속되자 국정원장이 그러면 남북 채널을 통해 북한의 의견을 직접 확인해 보자고 제안했다. 다른 세 사람도 그 방법에 찬동했다. 나는 "그런 걸 대놓고 물어보면 어떡하나. 나올 대답은 뻔한데. 좀 멀리 보고 찬성하자"고 주장했다. 한참 논란이 오고 간 후 문재인 실장이, 일단 남북 경로로 확인해 보자고 결론을 내렸다. 더 이상 논쟁할 수가 없었다. 한밤에 청와대를 나서면서 나는 심한 자괴감에 빠졌다. (《빙하는 움직인다》, 451쪽)

11월 20일 대통령의 숙소에서 연락이 왔다. 방으로 올라가 보니 대통령 앞에 백종천 안보실장이 쪽지를 들고 있었다. 그날 오후 북측으로부터 받은 반응이라면서 나에게 읽어보라고 쪽지를 건네주는 것이었다. "역사적 북남 수뇌회담을 한 후에 반(反)공화국 세력의 인권결의안에 찬성하는 것은 정당화될 수 없다.

북남 관계 발전에 위태로운 사태를 초래할 테니 인권결의 표결에 책임 있는 입장을 취하기 바란다. 남측의 태도를 주시할 것이다."라는 요지였다. (…) 대통령도 기분이 착잡한 것 같았다. "북한한테 물어볼 것도 없이 찬성투표하고, 송장관한테는 바로 사표를 받을까 하는 생각도 얼핏 들었는데…" 하며 말을 끝맺지 않았다. (…) 노대통령은 "그런데 이렇게까지 물어봤으니 그냥 기권으로 갑시다. 묻지는 말았어야 했는데… 송장관, 그렇다고 사표 낼 생각은 하지 마세요"라고 했다. (《빙하는 움직인다》, 452쪽)

위 회고록 내용과 관련된 회의는 몇 차례 있었다. 즉 2007년 11월 15일 안보정책조정회의가 열렸고, 16·18일에는 비공식 회의가 열렸다. 18일 회의에서는 문재인 청와대 비서실장, 송민순 외교통상부 장관, 이재정 통일부 장관, 김만복 국정원장, 백종천 청와대 안보실장이 참석하였다. 이날 의사 결정 과정에 참여하였고, 기억할 수 있는 사람들은 18일 회의에 참석한 6명이다.

이 회고록 내용과 관련해서 여야 정치인들은 논쟁을 벌이기 시작했다. 쟁점은 당시 노무현 정부가 실제로 북한에 사전 문의를 했는가 여부, 그리고 문재인 대통령 비서실장이 이 사전 문의 과정에 개입했는지 여부, 북한의 반응을 받은 후에 대통령이 기권으로 재가했는지 여부였다.

위 쟁점들은 모두 사실 관계에 대한 쟁점들이었다. 하지만 당시 회의록이나 메모 등 대통령 기록물이 남아 있는지도 모르는 상태였다. 이런 상태에서 단지 회의에 참석하였던 사람들의 기억에 의한 진술을 바탕으로 설왕설래의 논쟁이 진행되었다. 즉 사실상 사실 관계가 명확하게 확인되지 않고, 또 확인하기도 어려운 상황에서 여야의 회고록 논쟁이 진행되었던 것이다.

1 개념 정의

여당 국회의원들은 문재인 씨가 유엔의 북한인권결의안 표결 전에 북한의 의견을 물어보고 수용하여 기권한 행위에 대해 다양한 개념으로 정의를 내리는 공세를 하였다.

북한과 내통

회고록 내용과 관련해서 먼저 이정현 새누리당 대표가 제1야당의 문재인 더불어민주당 전 대표에게 포문을 연다. 이대표는 당시 문재인 씨가 유엔의 북한인권결의안 표결 전에 북한의 의견을 물어보고 수용하여 기권한 것은 "북한과 내통한 것"이라고 주장한다. '내통'이란 용어로 문재인 씨의 행위에 대해 정의를 내리는 공격을 한 것이다.

이대표가 내린 '내통'의 정의는 간단하다. "공개적으로 하면 남북 공식 대화이고, 국민 모르게 했으면 내통이다"라는 것이다. 여기서 '내통'이란, 안에서 남한 사람이 몰래 주적인 북한과 통하는 행위를 말하는 것으로 이적 행위를 연상시키는 단어이다. 이 점에 있어서 '내통'이란 정의내리기 공격은 매우 효과적인 공격 방법이다.

국기 문란

정진석 새누리당 원내대표는 북한측 의견을 물어본 행위를 "대한민국의 주권 포기이자 심대한 국기 문란 행위"라며 "국정 조사, 국회 청문회, 특검, 검찰 수사 등 모든 방법을 동원해서 그 진상을 낱낱이 밝혀야 한다"고 했다. 그는 '내통'보다 한 발 더 나아가 북한측 의견을 구한 행위를 '주권 포기' '국기 문란 행위'라고 정의하였다. 이는 '국기 문란'이란 용어로 불법 행위의 의미를 강조한 것으로서, 훨씬 강한 인상을 심어주는 효과적인 공격이었다.

기밀 누설

이철우 새누리당 의원은 유엔 대북인권결의안에 대한 기권 입장을 북한에 통보한 행위를 "반국가단체에 기밀을 누설한 것"이라고 규정했다. 그는 '입장 통보'를 '기밀 누설'로 정의내린 것이다.

대북 결재

박맹우 의원(새누리당 UN 북한인권결의안 대북결재사건 진상규명위원회 부위원장)은 북한측 의견을 물어보고 수용한 행위를 "우리는 대북 결재라고 표현을 한다" "한마디로 해보면 대북 굴종 저자세 외교의 극치다"라고 하였다. 이는 문제의 행위에 대해 비유에 의한 의미 부여, 즉 정의내리기라고 봄이 타당할 것이다. 법률 전문 용어를 사용하지 않고 일반 용어를 사용함으로써 대중에게는 훨씬 더 쉽게 행위의 본질을 이해할 수 있는 용어 선택이다.

종 북

새누리당 김성원 대변인은 우리 정부가 UN 북한인권결의안 표결에서 기권 의사를 북한 정권에게 통보한 것은 "사실상 북한에 보고한 것"이고, "기권은 북한 정권의 뜻을 따른 것으로 종북(從北)은 논란의 여지도 없게 된다"고 말한다. 그는 기권 '통보'를 '보고'의 의미로 해석하고, 이같은 '기권' 행위는 결국 '종북' 행위라고 해석한다.

김대변인은 문 전 대표가 "안보와 인권에 대한 기본 개념과 인식의 부족으로 북한 독재 정권에 한없는 저자세만 보이고,

처참한 상황에 놓인 북한 동포 인권은 눈 하나 깜빡하지도 않고 외면한다"고 말한다. 그는 문 전 대표의 결의안 기권 행위는 '안보 인식 부족'이라고 대인 비판을 하면서 '북한 인권 외면' 행위라고 해석한다.

　　이상과 같은 새누리당의 정의내리기 공세에 대해서, 더민주당은 비교적 효과적인 대응을 하지 못했다.

　　먼저, 이정현 새누리당 대표의 '내통' 주장에 대해서 박경미 더민주 대변인은 "그처럼 따지자면, 1972년 7·4 남북공동성명 전에 이루어졌던 수많은 남북한 사이의 비밀 접촉들은 무엇인가"라고 반박하였다. 박의원은 '내통'을 '비밀 접촉'과 비교하면서 '내통'의 개념에 대해 반박을 한 것이다. 그러나 새로운 개념 재정의나 보다 더 적극적인 의미를 부여하는 정의내리기 시도가 없어 그의 반박 임팩트는 강하지 않은 것으로 보인다.

　　안희정 충남도지사는 "비판하는 것은 당연히 가능하지만, '내통했다'는 단어는 쓸 수 있는 단어가 아니다"라고 말한다. 당위론적인 비판으로서 왜 '내통'이 여당측에서 사용할 단어가 아닌지에 대한 설명이 없다. 효과적인 반박이라고 할 수 없다.

　　우상호 원내대표는 "저는 (새누리당의) 이번 색깔론 공세는 결코 국민들에게 지지받을 수 없다고 단언한다"고 말한다. 우

의원은 내통 개념 자체에 대한 반박보다는 상대방의 내통 주장에 대해 '색깔론 공세'라고 규정하는 정의를 내린 것이다.

2 논점 회피, 논점 전환, 논점 일탈

회고록 사건과 관련해서는 수세에 몰린 더민주당 의원들은 논점 회피의 방법을 자주 사용하였다.

노무현 정부를 배워라

회고록 문제와 관련해서 문재인 더민주당 전 대표는 여당에 의해 제기된 논점에 대해선 "잘 기억이 안 난다"고 응답하면서, 논점에서 벗어난 동문서답 방식으로 대응한다. 그는 페이스북에서 "치열한 내부 토론을 거쳐 노대통령이 다수 의견에 따라 기권을 결정했다. 박근혜 정부는 노무현 정부를 배우기 바란다"라고 말한다. 새누리당 이정현 대표가 제기한 '내통' 주장에 대해서 문 전 대표는 직접적인 해명을 피하지만 '내부 토론'에 의한 결정이라고 설명함으로써 사실상 '내통'을 부인하는 것이다. 그리고 문 전 대표는 논점을 회피하는 동시에 새로운 논점을 제시하는 논점 전환을 시도한 것이다.

즉 제기된 논점은 문 전 대표가 북한의 의견을 물어보고 수용하여 유엔 결의안에 기권했는지 여부이다. 그런데 문 전 대표는 이에 대해선 직접적인 언급을 하지 않고, 치열한 내부 토론과 다수 의견에 따른 기권 결정을 했다는 취지로 말한다. 이로써 문 전 대표는 단순히 논점을 회피하고 일탈하는 것에 그치지 않고, 노무현 정부의 의사 결정 과정이 민주적 절차였음을 부각하며, 나아가 박근혜 정부더러 이를 배우라고 훈계까지 한다. 이는 박근혜 정부의 불통 정치를 우회적으로 비판한 것으로 효과적인 반격 포인트이다.

대선 시작

추미애 더민주당 대표도 논점 전환을 꾀한다. "정말 대선이 시작된 것 같다"며 회고록 관련 여당의 정치적 공세를 "온갖 수단과 방법을 가리지 않고 절대 권력을 놓지 않으려는 집요함"으로 보았다. 그는 논점 자체를 회피하면서, 북한과의 내통 논점을 대선 논점으로 전환하여 회고록 논쟁을 일으키는 집권세력의 의도에 대해 공격을 한 것이다.

핵, 통일 문제

여야 의원들의 회고록 공방이 진행되는 상황에서, 회고록 저자인 송민순 전 장관은 자신은 기록을 바탕으로 회고록을 작성했고, 내용은 진실이라고 강조한다. "기록에 의해서 책으로 정리했다" "진실은 있어요. 진실이 어디 도망 갑니까?" "이게 문제가 아니고, 핵하고 통일 문제를 가지고 진지하게 토론하는 화두가 되어야 합니다. 그런데 이것을 정쟁의 소재로 활용하는 것은 국가를 위해서 도움 안 됩니다. 책을 읽어보시면 반기문 총장이다, 누구다, 연관이 되어 있지 않다는 것을 잘 알 겁니다. 한번 읽어보십시오."

그는 자신의 회고록의 일부분이 정쟁의 소재가 되는 것을 비판하고, 핵이나 통일 문제가 화두가 되어야 한다고 논점 전환을 시도한다.

반기문 염두

김만복 전 국정원장은 북한의 의사를 물어보자고 말한 것으로 지목받는 당사자다. 그는 회고록 내용 공개가 "시기적으로 묘한 느낌이 있다" "반기문 (유엔) 사무총장의 대통령 가능성도 염두에 두고 한 게 아닌가 싶다"고 말한다. 그는 자신에 대한 의혹에 대해 직접적인 해명을 피하고, 역시 대선 프레임으로 논점 전환을 꾀한 것이다.

종북몰이

이재명 성남시장은 자신의 트위터에서 "문재인 대표를 허깨비 종북몰이에서 못 지키면 종북몰이 북한팔이는 끝이 없을 것"이라며 "민주주의 파괴하는 허위 사실 유포 종북몰이 북한 안보팔이, 이제 정면 돌파로 끝장내자"고 선동한다. 그는 북한 내통설을 주장하는 여당의 공세를 '종북몰이'라고 성격 규정을 하면서 여당의 '안보팔이'를 '끝장내자'는 논점 전환을 하는 동시에 선동적인 발언으로 반격을 한다.

최순실 게이트, 대선

문 전 대표는 "최순실 게이트 때문에 국민 분노는 거의 폭발 지경인데, 새누리당만 과거 10년 전 일에 매달려 색깔론, 종북놀음에 빠져 도끼자루 썩는 줄 모른다"고 말한다. 그러면서 "이유는 딱 하나다. 저, 문재인에게 타격을 줄 수 있을까 그 궁리 때문에 그런 것 아니겠나"라고 말한다.

그는 오히려 여당이 최순실 게이트 정국을 피하려고 색깔론 공세를 하는 것이고, 북한 내통설은 강력한 대선 후보인 자신을 견제하는 정치적 공세로 간주한다. 이는 논점이 되고 있는 북한 문의 여부에 대한 해명 없이 계속해서 논점 전환 공세를 하는 효과적인 방법인 것이다.

국민의당의 천정배 의원은 새누리당과 더민주당을 겨냥하여 논점을 민생 경제로 돌린다. 그는 "따질 것은 따져야 하겠지만, 무엇이 중한지 우선 순위를 정해서 민생에 가장 시급한 경제 현안부터 해결할 것을 진심으로 촉구한다"고 말한다.

3 조롱하기

코미디언 비유

추미애 더민주당 대표는 이정현 새누리당 대표의 "문 전 대표가 북한과 내통했다"는 발언에 대해 "해야 할 국정 조사가 엄청나게 많은데 개인 회고록을 놓고 누구 말이 맞느냐 안 맞느냐 하는, 국정 운영을 포기하는 절대 권력 집단을 보면서 이제 요즘은 코미디언도 돈벌기 어렵겠구나"라고 비유적으로 말한다.

추대표는 북한과의 내통 여부를 문제 제기한 상대방 당 대표를 코미디언으로 비유하면서 내통 발언을 코미디언의 발언 정도로 평가절하한다. 코미디언 비유는 은근히 상대 당 대표를 조롱하는 효과적인 반격 포인트이다.

박대통령에게 물어봐라

추미애 더민주당 대표는 "박대통령에게도 내통하고 오셨냐고 물어봐라"라고 이정현 새누리당 대표를 겨냥하여 말한다. 이정현 대표가 문 전 대표를 겨냥하여 북측과 내통한 것이라고 말한 것에 대한 비아냥으로서 효과적인 반격이다.

김정은 결재

여당 정치인들도 조롱 방법으로 응수하기도 한다. 회고록 사건과 직접 관계는 없는 사안이지만, 김문수 전 경기도지사가 더민주당이 당에 배정된 4명의 북한인권재단 이사를 추천하지 않고 있는 것을 비판한다. 그는 "그렇게 인권을 좋아하는 더민주당이 북한 인권에는 유독 왜 이러느냐. 김정은의 결재를 아직 못 받았느냐"고 회고록 북한 결재를 조롱한다.

사드 배치도 물어보나

원유철 새누리당 의원도 한 라디오 인터뷰에서 "문 전 대표가 대통령이 될 경우 사드 배치를 김정은에게 물어보고 결정할지도 모를 일"이라고 논점을 확대하여 비아냥 공세를 한다.

4 물타기

회고록 사건으로 수세에 몰린 야권 정치인들이 물타기 방법을 사용한다.

총풍, 최순실 비리

박원순 서울시장은 새누리당을 겨냥하여 과거에 여당이 판문점 총질을 사주한 총풍 사건을 거론한다. 나아가 그는 철도 장기 파업, 삼성 · 현대차 리콜 사태, 미르재단 의혹 등을 거론하며 최순실 · 정유라 · 우병우 · 차은택 등에 대해 "청와대만이 아는 대답을 들려줘야 한다"고 말한다. 이는 회고록 논점을 집권 여당과 청와대의 비리 논점으로 물타기하는 방법이다.

권력형 비리 덮기

박경미 더민주 대변인은 "물에 빠져 허우적거리다 보면 지푸라기라도 잡고 싶은 심정을 누가 모르겠는가" "연일 터져나오는 권력형 비리를 덮으려고 새누리당은 송민순 회고록이라는 지푸라기를 잡은 것"이라고 말한다.

박대변인은 권력형 비리로 수세에 몰리던 새누리당의 절박한 상황을 물에 빠진 사람으로 비유하면서 권력형 비리 논점을 회고록 논점을 물타기하는 새누리당을 비난한 것이다.

측근 비리 눈돌리기

박경미 더민주 대변인은 이정현 새누리당 대표의 '내통' 주장에 대해, "이정현 대표의 막말은 권력형 게이트에 실망한 지지 세력을 결집하려는 것이고, 측근 비리 의혹에 쏠린 국민의 눈을 돌리려는 것"이라 반박한다. 그리고 그는 새누리당이 회고록 논란을 대통령 측근 비리 물타기용으로 이용한다고 비난한다.

북풍, 총풍

문재인 전 대표는 "내통이라면 새누리당의 전문이 아니

냐"며, "(새누리당은) 앞에서 이같이 비난하면서 등뒤로는 뒷거래·북풍·총풍까지 하고 있다"고 말한다. 그는 여전히 북한 의견 문의 논점은 회피하고, 새누리당의 과거 행태를 거론하며 물타기 반격을 한다.

국정 난맥상 덮기

김부겸 더민주당 의원은 "새누리당이 국정 난맥상을 덮기 위해 참여정부에 대한 용공 시비를 또 벌이고 있다"고 새누리당의 물타기를 역으로 공격한다. 김의원은 자신의 페이스북을 통해 "국기 문란은 문재인 전 대표가 아니라 박근혜 대통령의 측근들이 저지르고 있다"며, "우병우 수석, 최순실 씨, 차은택 씨 의혹에 대한 명확한 규명이 국민의 신뢰를 회복할 유일한 방법이다"고 권력형 비리 규명을 주장하며 물타기를 한다.

대북 송금

새누리당 정진석 원내대표는 "정상회담을 성사시키기 위해 김대중 정부는 북한에 4억 5천만 달러를 바쳤다"고 한다. 회고록 논점을 벗어나 과거 야권 정부의 종북 행태를 비난한 것이다.

최순실 부패 의혹

추미애 더민주당 대표는 "최순실 모녀에게 대한민국이 통째로 상납되고 있다"며, "만약 이것(송민순 회고록 논란)이 새누리당이 현재 미르 · K스포츠재단과 우병우 수석을 둘러싼 정부의 각종 부패 의혹을 가리기 위해 '매카시 선풍'을 일으켜 보려는 작태라면 잘못 짚은 것"이라고 비판한다.

적반하장

회고록 논란은 '최순실 의혹을 덮기 위한 정치 공세', 즉 물타기 공격이라는 야당의 비난에 대해 최경환 새누리당 의원은 "사실 관계에 부합하지 않는 적반하장"이라고 반발한다.

5 맞불놓기

돈 봉투

새누리당에서 김대중 정부의 대북 송금을 비난하자, 더민주당은 이명박 정부가 남북정상회담 성사를 위해 북한측에 돈 봉투를 전달했다는 의혹을 제기하며 맞불을 놓는다.

대북 송금 vs 박근혜와 김정일 대화

새누리당 정진석 원내대표가 남북정상회담 대북 송금 특검 문제를 언급하자, 국민의당 비상대책위원장 박지원은 "이런 식으로 색깔론을 제기한다면, 저는 (2002년 5월) 박근혜 당시 한국 미래연합 대표가 평양에서 김정일 국방위원장과 나눈 대화 내용을 잘 알고 있다. 4시간 동안 무슨 대화를 했는지 잘 안다"고 말하여 맞불을 놓는다.

태극기 색깔론

박지원 국민의당 비대위원장은 색깔론을 제기하는 새누리당을 겨냥하여 "특히 박대통령은 상암구장에서 남북 축구팀이 시합을 할 때 대한민국 국민에게 왜 태극기를 흔드느냐, 한반도기를 흔들어야 한다고 화도 냈다"고 공개한다. 그는 "그렇다면 우리가 태극기를 흔들지 말게 한 박대통령이라고 색깔론을 제기해야 하느냐"고 반문하며 맞불을 놓는다.

6 평가절하

상대방의 가치나 주장을 과소평가하거나 폄하하는 행위는 효과적인 공격 방법이다.

철학이 없는 사람

문재인 전 대표는 여당 정치인들의 '내통' 주장과 관련하여 "선거만 다가오면 북풍과 색깔론에 매달릴 뿐 남북 관계에 철학이 없는 사람들, 이제는 다른 정치 합시다"라고 대응한다.

여당 사람들을 직접적으로 '남북 관계에 철학이 없는 사람들'이라고 깎아내려 평가한 것이다. 이같이 상대방을 폄하하는 방법은, 평가하는 자신을 상대적으로 평가절상시키는 효과가 있다. 즉 북측을 고려하여 유엔 결의안 포기를 결정한 사람들은 '철학이 있는 사람들'이란 의미를 내포하고 있다.

부정확한 편린

박경미 더민주 대변인은 송민순의 회고록을 "개인 기억의 부정확한 편린에 의존한 소회의 집합일 뿐"이라며, "10년 전 한 회의에서 장시간 논의한 내용에 대해 참석했던 다른 사람들은 모두 '저렇다'고 하는데, 자기만 '이렇다'고 주장하고 있다"라고 말한다. 그는 문제의 회고록을 부정확한 기억에 의한 기록으로 그 가치를 깎아내리고, 송민순 전 장관 혼자만 잘못된 주장을 하고 있는 것처럼 몰아세운 것이다.

못 믿을 회고록

추미애 더민주당 대표도 송민순의 회고록과 관련하여 "누구의 회고록이든 세상에 믿을 만한 회고록은 없다"며 회고록 자체를 폄하하는 발언을 한다.

자기 중심적 글

당시 회의 참가자였던 이재정 경기교육감은 "회고록이란 한 사람이 자기 중심적으로 쓴 것이다"라면서 회고록에 객관적 가치가 결여되어 있다고 평가한다. 이어서 이교육감은 "UN의 인권결의안이란 것이 권고 사항이고, 강제성이 없다. 선언적인 의미"라며, "당시는 찬성하느냐 기권하느냐가 심각한 과제가 아니었다. 정상회담도 하고, 6자회담 '10·3 합의'도 있었다. 모든 게 순조로웠다"고 말한다. 그는 유엔 결의안 자체의 의미나 가치까지 낮게 평가하여, 이에 대한 찬성이나 기권 결정도 중요하지 않다고 말한다.

낡은 정치의 표본

안희정 충남도지사는 "국가 외교·안보마저 정쟁에 서슴없이 이용하는 일은 즉각 중지돼야 한다" "정쟁으로 국정을 대신하는 정치는 극복하고 청산해야 할 구시대 낡은 정치의 표본"이라고 말한다. 상대방이 제기한 문제에 대해서는 답하지 않고 무시하면서, 상대방의 문제 제기를 정쟁이라고 깎아내려 '낡은 정치의 표본'이라고 평가한 것이다.

찌질한 정당

문재인 더불어민주당 전 대표는 새누리당의 북한 '내통' 공세에 대해 "정말 찌질한 정당"이라고 폄하한다. 이런 표현은 새누리당 의원들의 생각이나 행동이 옳지 못하다는 점을 강조하며 새누리당의 가치를 깎아내리는 표현이다.

정쟁

국민의당 천정배 의원은 새누리당과 더불어민주당을 싸잡아 겨냥하여 회고록 논쟁이 정쟁이라고 폄하하여 비판한다. 그는 "정부여당과 제1야당은 옛일에 색깔을 입히고, 내년 대선 유불리만 따져 정쟁만 일삼을 때가 아니다"라고 말한다.

7 반박

당시 회의 참석자들이 구체적 사실에 대해 각자 주장을 하기 시작한다. 그들은 각자 기억과 메모에 의해 회고록이 사실에 근거하지 않는 부정확한 기록임을 지적한다.

구체적 사실

회고록 파문이 일면서 논점과 관련된 구체적 사실에 대한 발언이 나오기 시작한다. 당시 청와대 연설기획비서관을 지낸 김경수 민주당 의원은, 북한에 사후 통보란 입장에서 "2007년 11월 16일 대통령 관저에서 열렸던 대통령 주재 회의는 비공식 회의였지만, 당시 연설기획비서관으로서 회의에 배석해 상황을 메모했다"며, "그날 노대통령이 북한인권결의안에 대한 기권을 결정한 게 맞다"고 말한다.

그는 자신의 메모를 근거로 "노대통령은 회의에서 '외교장관이 양보하세요. 외교장관 말이 맞는데, 이번엔 우리가 부담되더라도 모험이 안 되게 갑시다. 이번에는 기권으로 합시다'라고 분명히 말했으며, 이는 의심의 여지가 없다"고 말한다.

김경수 의원은 "송 전 장관의 회고록에는 16일 노대통령 주재 회의에 외교부장관·통일부장관·국정원장·비서실장·안보실장 등 5명이 참석했다고 돼 있지만, 내 메모에 근거하면 국정원장이 아니라 윤병세 당시 외교안보수석이 참석했다. 이는 다른 참석자들의 증언과도 일치한다"고 말한다.

그에 따르면 이미 11월 16일 기권 결정을 하였고, 11월 18일에 재논의를 하였지만 변경된 결과는 없었으며, 노무현 정부가 기권 입장을 북측에 통보했다는 것이다. 그는 당시 안보실장이 대통령에게 북한측 반응이란 쪽지를 건넨 사실도 없다고 회고록 내용을 정면으로 반박했다.

한편, 당시 청와대 대변인이었던 정의당의 천호선 전 대표도 "16일 회의서 기권을 결정했지만, 송장관의 지속적인 결의안 찬성 주장으로 21일에 최종 발표된 것"이라고 김의원 주장을 뒷받침한다.

그런데 새누리당 하태경 의원은 "더민주 김경수 의원은 문재인 전 대표가 2007년 당시 안보정책조정회의에서 찬성했다고 밝혔다"면서, "그렇다면 5명(문재인 · 송민순 · 이재정 · 김만복 · 김장수)이 참여했는데 3명(문재인 · 송민순 · 김장수)이 찬성으로 찬성이 다수결인데, 문재인 전 대표는 왜 기권이 다수였다고 주장하는가"라고 상대방의 논거로 되받아치는 반박을 한다. 나아가 그는 "거짓말쟁이는 누구인가. 국정 조사를 반드시 해야 할 정당성이 커지고 있다"고 주장한다.

당사자 개입, 나도 찬성했다

당시 국방부장관이었던 김장수 주중대사는 "나는 북한인권 결의안에 찬성하자고 한 기억이 난다"고 밝힌다. 이는 당시 회의에서 '김장수 국방장관은 특별한 의견이 없었다'는 회고록 기록을 반박한 것이다. 김대사는 "나는 '송장관 의견에 동의한다. 찬성하는 것이 좋겠다'고 이야기한 기억이 난다" "당시 기권 쪽으로 분위기가 가자 회의를 주재한 백종천 청와대 안보실장에게 '회의록에 소수 의견으로 김장수는 찬성한다고 했다는 점을 넣어 달라'고 한 것도 확실히 기억이 난다"고 설명한다.

회고록 내용에 대해 최초로 반박한 것은 의미가 있다. 즉 회고록 내용이 전부 사실이 아닐 수 있다는 가능성이 제기된 것이다. 하지만 그의 반박도 사실인지 여부는 확인되지 않은 것이다. 하여튼 김대사의 반박은 회고록의 신빙성에 대한 타격으로 볼 수 있어 논쟁의 맥락에서는 의미가 크다.

당사자 부인

김만복 당시 국정원장은 문제의 회고록 내용을 부인한다. 북한의 의사를 물어보자고 말한 것으로 지목받은 김만복 전 국정원장은 "제가 제안한 사실이 없다. 그런 사실도 없다"며 회고록 내용을 완전히 부인한다.

당시 참석자인 이재정 전 통일부장관도 부인한다. 이재정 전 장관은 정부가 북한 의견을 확인했다는 것은 사실이 아니라고 주장한다. 그는 당시 문 전 대표가 송 전 장관과 같은 찬성 입장을 견지했다고 주장한다. 즉 11월 18일 회의에서 마치 송 전 장관 자신만이 북한인권결의안 표결에 찬성 입장을 낸 것처럼 회고록에 표현한 것은 사실이 아니라는 취지의 발언이다. 이 전 장관의 발언은 회고록 내용의 신빙성에 대해 강한 의혹을 던지는 발언이다.

한편 송민순 전 외교통상부장관은 "삼십 몇 년 공직에 있었던 사람이 소설같이 썼겠냐. 다 사실"이라며 자신의 회고록이 사실이 아니라는 더민주당측 의원들의 주장을 일축한다. 그는 "회고록을 냈는데, 의사가 진단을 잘못하면 처방전을 바로 낼 수 있겠냐"는 비유를 들며 논란 부분이 모두 사실임을 거듭 주장한다.

8 논점 확대

노무현 10대 의혹 제기

정진석 새누리당 원내대표는 회고록 관련 북한측 의견 타진을 '국기 문란' '반역 행위'라고 규정한다. 나아가 그는 "북한 인권에 대해 한마디도 안하고, 수십조 선물 보따리만 주고 돌아온 남북정상회담은 도대체 왜 한 것이냐"며, 제2차 남북정상회담 과정에 대한 의혹도 제기한다. 정원내대표는 UN 북한인권결의안 관련 조사 이외에 10·4 남북정상회담 성사 배경 등을 포함하여 회고록 전체에서 나오는 노무현 정부의 10대 의혹에 대한 조사를 주장한다. 이는 논점을 확대하여 야당에 대한 공격의 수위와 범위를 강화한 것이다.

더민주당 정체성 문제

조원진 새누리당 최고위원은 더민주당이 지난 11년간 북한인권법 처리에 반대했다는 점을 강조하며, 북한 사전 문의 회고록건을 문 전 대표뿐만 아니라 더민주당의 당 정체성 문제로 확대하여 공격한다.

북한인권법

정갑윤 새누리당 의원은 'UN 북한인권결의안 문재인 대북

결재 요청사건 진상규명위원회'의 위원장을 맡았다. 그는 "19 대 마지막 본회의에서 북한인권법이 통과될 때 정세균 국회의 장, 추미애 더불어민주당 대표 등이 기권한 24명에 이름을 올 렸다"며, "이런 사람들이 기권했으니, 앞으로 진상 규명 과정에 서의 어려움은 가히 짐작하고도 남는다"고 말한다. 그는 북한인 권법으로 논점을 확대하면서 이 법 제정에 기권한 더불어민주 당 지도부를 공격한다(2016년 3월 당시 여야 합의로 마련된 제정 안은 재석 의원 236명 가운데 찬성 212표, 기권 24표로 가결됐다).

9년 전 '유엔결의안' 북한 문의 사건으로 야당 대선 주자 문재인 전 대표의 대북 안보관을 문제삼고, 또 7개월 전 '북한 인권법 기권'으로 야당 지도부 전체의 대북 안보관을 문제삼는 것으로 논점을 확대한 것이다.

국가 존망 문제

김진태 새누리당 의원은 북한 문의건이 "여야 보수 진보에 대한 문제가 아니라, 대한민국 존망이 걸린 문제"라고 주장한 다. 이 건이 보수 진보의 관점 및 정책 차이의 문제임에도 이를 국가가 존재할지 망할지의 문제로 과장하여 논점을 확대한 것 이다.

김대중 정권

새누리당 정진석 원내대표는 "노무현 정권은 유엔 북한인권결의안을 김정일에게 물어보고 기권했고, 김대중 정권은 안보리 상정조차 막았다"고 주장한다. 이는 노무현 정권에서 일어난 일을 이전 김대중 정권에서 일어난 일에까지 확대하여 싸잡아 비판한 것이다. 이는 효과적인 논점 확대 공격 방법이다.

NLL과 대선

김문수 전 경기도지사는 더민주당이 당에 배정된 4명의 북한인권재단 이사를 추천하지 않고 있는 것을 비판한다. 그는 "그렇게 인권을 좋아하는 민주당이 북한 인권에는 유독 왜 이러느냐. 김정은의 결재를 아직 못 받았느냐"라고 북한 문의 문제를 북한 인권 문제로 확대시켰다.

또 김문수 전 경기도지사는 노무현 전 대통령, 문재인 전 대표, 김만복 전 국정원장을 겨냥하여 "거기(북한)에 돈 갖다 줘서 핵무기 만들도록 하고, 거기서 원하는 대로 NLL(북방한계선)이 왜 필요하냐고 했다" "이런 사람을 우리는 반역자라 한다" "이 반역자를 새누리당 당원이 뜨거운 마음으로 대청소하는 작업이 이번 대선이다. 과감히 청소해야 한다"고 말한다. 이는 회고록 논점을 핵무기와 NLL 주제로 확대하고, 나아가 대선 논점으로 확대하여 공격한 것이다.

한편, 송 전 장관은 새누리당을 향해서 "대북 정책을 뭘 잘

했다고 과거를 뒤집는 데 초점을 두느냐"고 비판한다. 송 전 장 관은 본질적인 핵, 통일 문제라는 논점은 놔두고 과거 일로 확 대하는 등 회고록을 빌미로 정쟁을 삼는 새누리당측과 더민주 당측 모두를 비판하는 입장을 견지한다.

9 기억 상실

기억 상실

　문재인 전 대표는 당시 북한 문의건 관련 회의 상황에 대 해 "잘 기억이 안 난다"고 말한다. 그래서 문의 사건과 관련하 여 과거 자신의 입장을 "사실 관계를 잘 기억하는 분들에게 물 어보라"고 말한다. 그러면서 그는 당시 자신이 결의안에 찬성했 다는 주변인들의 기억을 말한다. "저는 기권을 주장했을 것 같 은데 다 그렇게 (찬성을) 했다고 한다"고 말했다. "어쨌든 제가 초기에는 오히려 결의안에 찬성해야 한다는 외교부 주장에 동 조했다가 나중에 다수 의견에 따라 입장을 바꿨다고 하는데, 저 는 잘 기억나지 않는다"고 말한다.

　이같은 문 전 대표의 기억 상실 발언은, 설사 기억 상실이 사실이라고 해도 정적들로부터 공격받을 수 있는 소지가 있는 발언이다. 유승민 새누리당 의원은 문재인 전 대표가 "노무현 정부 당시 유엔 북한인권결의안 기권을 결정할 때 치열하게 토론했다면서 기억이 안 난다는 것은 문제가 있다"고 지적한다. 김성원 새누리당 대변인도 "기억이 잘 안 난다"는 문 전 대표의 발언에 대해 "국민을 우롱하는 처사"라고 비난한다.

기억 편집증

김진태 새누리당 의원은 기억이 안 난다는 문재인 더민주당 전 대표를 겨냥하여, "문재인 전 대표는 북한 인권은 생각이 안 나고, 기억이 안 나고, 선거 때만 되면 새누리당이 색깔론을 제기한다고 하고 있는 것만 기억이 나는 모양" "혹시 그것도 기억이 안 나느냐"라고 비아냥거린다.

한편 당시 회의 참석자인 김장수 대사는 자신은 북한인권 결의안에 찬성하였다고 기억하면서도, 북한측에 물어보고 기권 여부를 결정하자는 논의가 있었는지에 대해선 "기억이 나지 않는다"고 말한다. 일부는 기억하고, 일부는 기억나지 않는다는 얘기다. 실제로 김대사가 기억을 못할 수도 있다. 하지만 기억이 나지 않는다는 말은 기억을 되살려 사실을 확인해야 하고, 논쟁을 하는 상황에서는 신뢰받지 못하는 말이다. 그러한 말은 결국 북한 내통 논점에 대해서는 답변을 회피하는 것으로 의심받을 수 있기 때문이다. 나아가 기억에 의존한 그의 다른 말들까지도 의심받을 수 있다.

진실을 밝혀라

국민의당의 안철수 전 공동대표는 '송민순 회고록' 파문과 관련해 "문재인 전 대표가 회고록 진실을 밝혀서 빨리 논란이 정리되어야 한다"고 말한다. 안 전 대표는 문재인 전 대표가 기억이 잘 안 난다고 한 말을 믿지 않고, 문 전 대표를 압박한 것이다.

그리고 안대표는 "그 당시 유엔 북한인권결의안에 한국 정부는 찬성했어야 했다"며, 문 전 대표와 다른 입장을 밝힌다.

10 되받아치기

문재인 전 대표는 새누리당 이정현 대표가 말한 내통설을 되받아친다. 즉 내통설을 역이용하여 상대를 비판하는 데에 사용한 것이다. 문 전 대표는 "내통이라면 새누리당의 전문이 아니냐"라고 말하여, 과거 새누리당 전신이 북측에 총풍·북풍을 사주한 것을 비판한다.

추미애 더민주당 대표도 "박대통령에게도 내통하고 오셨냐고 물어봐라"고 이정현 새누리당 대표가 내통설을 주장한 것에 대해 비아냥으로 되받아친다.

한편 문재인 더민주당 전 대표가 "새누리당은 북한 덕분에 존속하는 정당"이라며 새누리당의 색깔론을 비판하는 반격을 하자, 새누리당 의원들이 이 색깔론을 역이용하며 일제히 재반격을 한다.

새누리당 한기호 전 의원은 오히려 "색깔론은 좌파들이 빠져나갈 길이 보이지 않을 때 사용하는 용어"라며, "당신들의 색깔은 무슨 색이며, 대북 정책은 성공했는지 묻고 싶다"고 말한다. 그는 색깔론이 우파의 공격 무기가 아니라 좌파의 수비 무기라고 말한다.

새누리당 김성원 대변인도 문 전 대표가 "이치에 맞지도 않는 시대착오적인 색깔론까지 끄집어내며 신경질적인 반응만 보이고 있다"고 말한다.

김진태 새누리당 의원은 문재인 전 더불어민주당 대표를 겨냥하여, "국가 정체성에 관한 입장을 밝히라고 하는 것이 색깔론이라고 한다면, 좋다, 그럼 정확한 색깔을 밝히라"고 말한다.

이상과 같이 더민주당이 새누리당의 북한 내통 주장을 색깔론 공세로 치부하는 반면, 새누리당은 이런 더민주당의 색깔론 수비 자세를 역이용하여 반격을 한다는 것이다.

한편 김진태 새누리당 의원은 "문재인 전 대표는 북한 인권은 생각이 안 나고, 기억이 안 나고, 선거 때만 되면 새누리당이 색깔론을 제기한다고 하고 있는 것만 기억이 나는 모양" "혹시 그것도 기억이 안 나느냐"라고 문재인의 기억 상실 주장을 되받아 공격한다.

11 대인 비판 (인신 공격)

군복무 미필자들

문 전 대표는 사전에 북한측에 의견을 구했는지에 대한 기자들의 질문을 차단한다. 그리고 그는 새누리당측 인사들에 대해 "군대에도 제대로 갔다오지 않은 사람들이 무슨 걸핏하면 종북 타령입니까?"라고 인신 공격을 한다. 나아가 문 전 대표는 안보 정책에 있어서 새누리당에 비해 우위성을 주장한다. 그는 "새누리당은 안보를 말할 자격이 없다. 안보는 국민의 정부와 참여정부만큼만 하라"며 새누리당을 공격한다.

김정일 하수인

김문수 전 경기도지사는 노무현 전 대통령, 문재인 전 대표, 김만복 전 국정원장을 겨냥하여 김정일의 하수인이라고 비난한다. 김 전 지사는 "이들은 전부 김정일 하수인이 되어, 정보원이 되어서 활동했다"고 인신 공격을 한다.

위험한 대북관

강석호 새누리당 최고위원은 "문 전 대표가 위험천만한 대북관을 가졌다는 것을 알 수 있다"고 인신 공격을 한다. 또한 이장우 새누리당 최고위원도 "문 전 대표는 국민 앞에 공개 사죄하고 정계 은퇴해야 한다"고 말한다. 두 의원이 모두 미확인된 주장을 기정사실화하면서 문재인을 인신 공격한 것이다.

12 증거 비공개

메모 증거는 있지만

회고록 내용의 사실 여부가 논란이 되자 송민순 전 장관은 메모 등 증거에 의해 회고록을 기록했다고 주장한다. 이어 회고록 논쟁 관련 당사자들도 저마다 메모에 의한 기록을 하거나, 기억을 한다고 주장한다. 그러나 그들 모두는 메모 등의 물증을 공개하지는 않는다.

당시 회의에 참석한 전 통일부장관 이재정 경기도교육감은 "당시 적어 놓은 메모가 있지만 공개할 생각이 없고, 회고록도 쓰지 않겠다. 정치권이 회고록만 갖고 사실 관계 확인 없이 야단법석인 것은 문제"라고 여권 정치인들을 비판한다. 하지만 이교육감은 증거가 있다고 말만 하고 증거를 제시하지 않는다.

당시 청와대 연설기획비서관을 지낸 김경수 민주당 의원도 북한 사후 통보라는 입장에서 "2007년 11월 16일, 대통령 관저에서 열렸던 대통령 주재 회의는 비공식 회의였지만 당시 연설기획비서관으로서 회의에 배석해 상황을 메모했다"고 주장한다. 그러나 김의원도 메모 증거를 공개하지는 않는다.

13 이중 잣대

예를 들어 박근혜 대통령이 예전에 방북한 사건과 노무현 대통령의 참여정부에서 북한 의견 문의한 사건은 본질적으로 둘 다 대북 접촉이란 공통점이 있다. 그런데 새누리당의 관점에서 볼 때 한 사건은 긍정적인 방문이기 때문에 높이 평가하고, 다른 사건은 외교 주권 포기라고 폄하하는 태도는 이중 잣대를 들이댄 것으로 볼 수 있다.

문재인 북한 문의, 박근혜 방북

새누리당 유엔 북한인권결의안 대북결재사건 진상규명위원회의 부위원장인 박맹우 의원은 "아마 박근혜 대통령의 전 방북 일정도 무언가 화해하고 발전하고, 긍정적으로 잘되기 위해서 방북하신 거 아니겠습니까" "여러 가지 의견을 나누셨을 건데 다 그런 차원에서 우리는 높게 평가를 해야 되는 것"이라고 말한다.

반면에 회고록과 관련해서는 박맹우 의원은 문재인 전 대표가 "세계가 만든 공동의 장에서 정말 하나뿐인 고귀한 외교 주권을 사실상 포기하거나 반납한 것"이라면서 혹평을 하였다. 박의원은 박근혜와 문재인에 대해 각기 다른 이중 잣대를 들이댄 것이다.

총 평

논평은 주로 기자회견이나 강연·SNS 등에서 이뤄진다. 따라서 생방송 토론과 달리 준비된 발언을 할 수 있어, 그 내용이 짧지만 촌철살인처럼 상당히 알차다. 논평자들이 사전에 발언 내용을 준비하면서 의도적이고 계산된 발언을 하기 때문이다.

송민순 회고록 사건은 여당인 새누리당이 문재인 전 대표의 종북 행위를 비판하고, 야당 더민주당은 문재인을 방어하는 논평전이었다. 문재인의 행위에 대해 여당이 내통, 국기 문란, 기밀 누설, 대북 결재 등과 같은 개념 정의를 내린 것은 효과적인 공격이었다. 문재인의 기억 상실은 오히려 여당 공세의 빌미가 되었고, 초반에 더민주당은 논점을 회피하거나 전환하는 등의 방어적 태도를 보였다. 야당측은 점차 색깔론, 최순실 게이트 물타기 등으로 반격을 하였다. 여야 정치인들은 총풍, 대북 송금 등 과거 정권에까지 거슬러 논점을 확대하기도 하였다. 이 과정에서 서로 상대방을 폄하하고 조롱하는 대인 비판(인신 공격)이 자주 있었다. 여야가 논쟁 전략과 기술을 동원하여 팽팽하게 설전(舌戰)을 벌였다.

유시민 · 전원책의 〈썰전〉 '송민순 회고록 파동'

사회: 김구라

토론자: 유시민 작가 vs 전원책 변호사

토론 주제: 송민순 회고록 파동

〈썰전〉은 JTBC 방송사에서 주 1회 방영하는 시사 이슈 리뷰 토크 쇼이다. 이 프로그램은 두세 명의 좌우 논객들이 출연하여 한 주간 시사 문제를 입담으로 재미있게 해석하는 예능 프로그램이다. 시사 교양 프로그램이라면 일반적으로 생방송 토론이지만, 〈썰전〉은 예능 프로그램으로서 녹화 및 편집을 통해 방송된다.

따라서 편집되지 않은 전체 토론의 내용은 알 수가 없고, 방송된 부분은 원래 토론의 절반 정도밖에 되지 않는 것으로 보인다. 편집된 토론 내용만으로는 실제 오고간 얘기나 토론자들의 반응 등, 실제 토론 현장의 분위기를 파악하는 데 한계가 있을 수밖에 없다. 그리고 방송 프로그램은 토론자들의 얘기 이외에 자막이나 보조 자료를 화면에 삽입하고 있기 때문에, 토론자들의 얘기만 갖고 토론을 분석하고 평가하는 데에는 한계가 있는 것도 사실이다. 녹화 · 편집 · 자막 자료 등을 감안하고 방송에 나온 대화만을 중심으로 분석하고자 한다.

2016년 11월, 송민순 전 장관의 회고록 파동에 대해서 보수 논객 전원책 변호사와 진보 논객 유시민 전 보건복지부장관이 토론을 하였다. 이 두 사람은 이 프로그램의 고정 패널이다.

표정, 몸짓

토론자의 표정이며 몸짓도 토론의 일부이다. 송민순의 회고록 논란이 국감에서도 뜨겁다는 타이틀로 사회자 김구라가 오프닝 멘트를 시작하자마자, 유시민이 피식 웃는다. 이때의 웃음은 곧 나타날 자신의 입장에 대한 복선과도 같은 웃음이다. 유시민은 이날 토론 주제가 토론감이 되지 못한다고 생각하고 있는 것으로 보인다.

정의내리기

먼저 전원책은 회고록 정국이 마치 "내부자 고발 같은 상황"이라고 말하면서, 회고록이 내부자 고발이라고 정의한다. 이같은 정의는 고발이 사실이라는 전제를 하고 있다. 이때 유시민은 전원책의 말을 끊으며, 회고록은 "남북 문제 알 수 있게 하는 좋은 교양서"라고 다른 정의를 내린다. 유시민이 내린 정의는 회고록 전체의 의미를 평가하는 말로서, 현재 논란되는 회고록의 일부분을 갖고 내부자 고발 같은 평가를 하지 말자는 함의를 품고 있다.

논점 설정

전원책이 회고록 파동의 배경 설명을 한다. 이어서 유시민이 먼저 논점 설정 작업을 시작한다. 유시민은 "사실에 관한 논쟁과, 그 사실을 어떻게 바라볼지에 대한 관점의 차이, 이로 인한 논쟁이 뒤죽박죽 이래 있다"고 주장한다. 그래서 그는 "회고록에 기록된 사실들과 관련된 사실들을" "우선은 정확하게 확인을 할 필요가 있다"고 주장한다.

> 유 시 민   송민순 씨의 회고록에 쓴 내용이 송민순 씨의 주장인데, 그 주장이 사실이라고 우리가 확언하기는 어렵다.

유시민에 따르면, 백종천 실장이 전달한 메모 얘기도 "송민순 씨의 주장"일 뿐이다. 그래서 유시민은 "그 사실 자체가 아직 사실이다, 아니다, 라고 말할 수가 없다"고 말한다.

유시민의 주장대로 사실상 송민순의 회고록 내용이 사실이냐 아니냐를 따지는 소위 팩트 논쟁이 있을 수 있고, 동시에 이런 팩트를 해석하는 관점에 관한 논쟁이 있을 수 있다. 유시민의 이러한 논점 설정의 선수에 말려들어 전원책은 가정법으로 토론을 시작한다. 즉 전원책은 회고록 내용이 팩트라는 전제하에 의견을 펼치고, 유시민은 팩트를 가정하고 논쟁한다는 것 자체가 무의미하다는 주장을 한다.

전 원 책 이것이 만약 팩트라면… 그러면 문제가 심각한 거예요.

유 시 민 사실이라면… 이런 것이 성립 안 된다면 의미가 없는 감정적인 논쟁이다.

팩트와 주장

전 원 책 김만복·이재정, 이 두 분이 쉽게 말해서 오리발 내놓고 있는 거 아녜요?

유 시 민 오리발을 내놓는 게 아니고, 다른 주장을 하는 거예요.

유 시 민 지금 변호사님은 송민순 씨의 주장은 사실이고, 다른 사람들은 거짓말을 하고 있다는 예단을 갖고 있어요.

유시민이 전원책의 오리발 발언을 취소하라고 요구한다. 전원책의 오리발 발언은 회고록이 사실이란 전제하여 성립할 수 있는 발언이라는 이유이다. 유시민은 현재로서는 관련 당사자들이 '서로 다른 주장을 한다' 라고 해야 한다는 것이다. 이러한 유시민의 주장은 전략상 훌륭하고 효과가 있어 향후 토론의 방향과 내용에 크게 영향을 미친다. 이제 토론은 확인되지 않은 팩트를 두고 진행되어야 하는 것이다. 이에 대해 전원책은 효과적인 대응을 하지 못하고, 쉽게 손을 든다. 전원책은 팩트를 찾는 데에 논점을 정해야 하는데 이를 하지 못하고 유시민의 페이스에 말려 들어간다.

유머

전 원 책　　그럼 닭발?

전 원 책　　김만복 · 이재정 씨가 오리발 아닌 오리발을 내밀었다 말이에요. 그럼 됐어요?

유시민이 전원책의 오리발 발언을 취소하라고 하자, 전원책은 임기응변식으로 말장난을 한다. 이는 예능 프로그램 성격상 충분히 할 수 있고, 허용될 수 있는 유머이다.

대인 비판 (인신 비판)

유 시 민　　오리발이란 용어는 조금 적절치 않아요, 평소 변호사님의 논리적 완성도에 비추어볼 때.

전 원 책　　지금 나 같은 사람은 오리발로 생각할 수 있는 얘기를 한 거예요.

유 시 민 　그러니까 그건 변호사님답지 않죠, 그거는.

유시민이 전원책의 용어 사용을 트집잡으며 논점 대신에 전원책이란 사람 자체에 대한 비판 내지 조롱을 한다. 전원책은 오리발 생각의 근거를 대며 논점을 이끌어 나가야 하는데, 근거 없이 주장하다가 유시민한테 조롱받는 것이다.

논점 회피

전 원 책 　이 중요한 일이 대통령 기록물에 없을 리가 있겠어요?

유 시 민 　지금 우리가 서로 간에 정치적 공방을 하는 과정에서 주장과 주장이 맞설 때마다, 다 대통령 기록물 열어 볼 거예요? 그거 하자고 대통령 기록물을 만들었어요?

논점은 회고록 내용의 팩트 관계이다. 전원책이 회고록의 사실 여부를 판단하기 위해 대통령 기록물을 거론하자, 유시민은 상대방의 말의 취지를 과장하여 왜곡하고, 진행되고 있는 논점을 피한다. 사실상 전원책은 정쟁을 할 때마다 대통령 기록물을 열어 보자는 주장을 한 것은 아니다. 또한 전원책은 정치적 공방 과정에서 쟁점이 된 사실 확인을 위해 대통령 기록물을 만드는 것이라고도 주장하지 않는다. 그러나 전원책은 유시민의 공격적인 반박에 대해 효과적인 대응을 하지 못한다.

개념, 관점 차이

유 시 민   국정 운영을 하는 과정에서 남북 간의 비밀 접촉을 하거나, 여러 가지 의사 교환을 하거나, 정보 교환을 하거나, 이런 것들에 대해서 일일이 이념적인 잣대를 들이대서 너 사상이 의심스러워, 이런 식으로 하기 시작하면 나라가 진짜 개판되는 거예요.

전 원 책   이 문제는요. 문자 그대로 우리의 대북 정책, 그리고 국기와 관련된 문제다.

유 시 민   무슨 국기예요, 이게.

전 원 책   이 문제는… 차기 문재인 대통령이 탄생됐을 때 굉장히 큰 영향을 미치는 사건이란 말이에요.

회고록 내용과 관련하여 대북 접촉 행위의 개념에 토론자들, 서로 다른 관점에서 의미를 부여하고 있다. 유시민은 남북 간 비밀 접촉이나 정보 교환 행위를 사상 검증의 차원에서 봐서는 안 된다는 취지로 말한다. 반면 전원책은 이런 행위를 대북 정책과 국가 유지의 법질서와 관련된 문제로 본다. 이렇게 토론자들은 대북 접촉 행위의 개념에 대해서 서로 관점의 차이를 확인하게 된다.

맞불

유 시 민   북한에 돈 주고, 총 쏴 달라고 부탁만 안하면 돼요.

전 원 책   그런 식으로 따지면요. DJ 정부가 정상회담을 했을 때 4억 5천만 불 넘어가고, 5백만 불 현물 넘어간 것부터 다 얘기해야 됩니다.

유 시 민   그러면 7 · 4 남북공동성명 때, 7월 4일날 발표하기 전에 이후락 씨하고 김영주하고 만나고, 왔다갔다 한 것부터 이야기하자구요.

토론에서 자신에게 불리한 논점이 나오면 상대의 논거를 이용하여 맞불을 놓는다. 불리한 논점이나 준비되지 않은 의제에 대해 효과적인 반박을 할 수 없는 경우, 비슷한 논거를 가진 사례로 맞불을 놓는 방법이 효과적이다. 이 효과를 잘 알고 있는 유시민과 전원책은 서로 맞불 작전을 실행한다.

해 석

전 원 책   기권 자체가 사실상 반대하는 것과 똑같아요.

유 시 민   반대하고는 달라요.

UN의 대북결의안에 대해 대한민국이 기권하는 의미에 대해서도 토론자들은 서로 다른 해석을 내놓는다. 전원책은 기권이 곧 반대의 의미라고 보지만, 유시민은 반대의 의미는 아니라고 본다. 하지만 유시민은 기권의 의미에 대해선 구체적으로 설명하지 않는다.

선명한 주장

유 시 민　그러니까요, 제 말씀은 북한을 어떻게 대할까, 라는 관점, 입장, 철학의 차이인데. 이거를 옳고 그름의 문제로 보지 말라는 거예요.

전 원 책　그 점은 정말 이해가 안 가는데, 그걸 왜 옳고 그름의 문제로 안 봐야 돼요? 북한인권법 결의는 옳은 거예요. 북한인권법에 기권하거나 반대하는 것은 나쁜 거예요.

유시민은 유엔 북한인권결의안에 대한 찬성/기권 입장은 대북관 관점의 차이일 뿐이니, 옳고 그름의 문제로 보지 말자는 입장이다. 그러나 전원책은 그것을 옳고 그름의 문제라고 주장한다. 전원책의 반박은 적절하다. 토론자들은 유엔의 북한인권결의안의 성격에 대해서 서로 다른 관점 차이를 보여 토론 논점이 분명해진다.

대인 비판 (인신 비방)

전 원 책　송민순 전 장관의 회고록이 사실이 아니라면, 이들 (김만복 · 이재정 · 문재인)이 명예훼손죄로 형사고소 해야지. 이처럼 명예훼손하는 게 어디 있어요.

유 시 민　정치하는 사람들이 툭하면 법정으로 끌고 가는 거 … 송민순 씨가 사실과 다른 주장을 했으면 사실인 주장으로 대응하면 되는 거예요. 그걸 뭘… 법률가 이시라고 법정 되게 좋아하시네.

　　전원책은 회고록 내용의 사실 여부를 가리는 방법으로 고소를 거론하자, 유시민은 법적 다툼을 평가절하고 전원책의 직업까지 거론하며 비아냥거린다. 유시민은 사실 주장을 하면 된다고 말하나, 그 사실 주장을 판단할 방법이나 기준을 말하지 않는다. 사실 입증이 되지 않으면 결국 양측이 서로 사실이라고 주장하는 주장만 있을 뿐이다. 유시민은 토론 초기에 회고록의 저자 송민순의 사실 주장은 하나의 주장일 뿐이라고 사실과 주장의 구분을 분명히 했다. 이때에도 유시민은 회고록 내용의 사실 여부를 판단하는 방법으로서 당시 청와대 문건 열람을 반대하였다. 결국 유시민은 진실을 확인하는 절차는 모두 반대하고, 각자 주장만 하면 된다고 고집하는 것이다.

논점 전환

전 원 책   (웃음) 이 문제는요, 팩트를 놓고 하는 사소한 다툼
          이 아니란 말이에요. 이건 노무현 정부가 북한에 대
          해서 어떤 생각을 갖고 대응했느냐 하는 굉장히 중
          대한 문제예요.

유 시 민   굉장히 건전한 생각을 했죠.

전원책은 회고록 문제를, 노무현 정부의 대북관을 국기(법질서)란 판단 범주에서 중대한 문제로 파악한다. 하지만 유시민은 노무현 정부의 대북관을 '건전한 생각/불건전한 생각'이란 모호한 주관적 판단 범주로 전환시킨다.

논점 회피, 대인 비판

전 원 책   내가 이렇게 논쟁을 하는 이유는, 문재인 후보의 대
          북관에 대하여 국민들이 일반적으로 갖고 있는 의
          구심 때문입니다.

유 시 민   에이, 누가 갖고 있어요, 변호사님이나 갖고 있지요.
          새누리당 지지자들만 갖고 있는 거죠.

전원책의 발언의 취지는 문재인의 대북관에 대한 국민의 의구심이 있으니 대북관에 대하여 논쟁해 보자는 것이다. 그런

데 유시민은 말꼬리를 잡아 대북관 논점을 의구심을 갖는 사람의 문제로 돌린다. 그러면서 의구심을 갖는 사람이 전원책이라며, 상대 토론자를 비아냥거리기까지 한다.

총 평

유시민은 토론 초반부터 사실과 주장을 구별하며 회고록은 사실로 확인되지 않았다고 주장하면서 토론을 주도했다. 이는 유시민이 토론 전부터 준비해 온 전략이었다. 그렇다면 전원책은 사실 규명을 논점으로 삼고 밀어붙여야 했는데 그러지 못했다. 전원책은 예상되는 상대방의 전략에 대해 준비가 부족했다. 매주 녹화 방송을 하면서 상대방의 토론 스타일을 파악하고 전략 또한 예상할 수 있었음에도 상대적으로 전원책은 토론 준비와 전략이 부재하였다. 전원책은 자신의 순발력과 임기응변 솜씨를 너무 믿는 것처럼 보인다. 그러다 보니 전원책은 유시민의 주장을 반박할 때 단발성 반박으로 그치고 말았다. 그러면서 전체적으로 전원책은 유시민의 페이스에 말려 들어가는 양상을 보인다. 유시민은 여러 가지 토론 의제에 대해 전원책과 서로 다른 개념, 관점의 차이를 보였다. 그때마다 전원책은 이를 논점으로 삼아 계속 토론했어야 하는데 그러지 못했다. 유시민은 곤란할 때마다 종종 전원책을 비아냥거리는 대인 비판을 자주 하여 상대방의 심리 상태를 교묘히 흔들면서 논점을 회피하는 데에 성공했다. 임기응변 능력과 말솜씨는 전원책이 유시민보다 한 수 위다. 그러나 토론 준비와 토론 기술에 있어서는 유시민이 한 수 위였다. 어떤 회차에서는 녹화 방송중에 속보가 나와 갑자기 토론의 방향과 내용이 바뀌게 되었는데, 이런 돌발 상황에서는 유시민은 그다지 돋보이는 토론 실력을 보여주지 못했다. 오히려 전원책이 토론을 주도하면서 말을 많이 했다. 이 장면은 유시민이 준비형 토론자이고, 전원책은 임기응변형 토론자임을 보여주는 단면이었다.

유시민·전원책의 〈썰전〉
'최순실 국정 농단'

사회: 김구라
토론자: 유시민 작가 vs 전원책 변호사
토론 주제: 최순실 국정 개입 논란

2016년 11월, 〈썰전〉은 최순실의 국정 농단 사건을 주제로 삼았다. 방송 당시 상황은 다음과 같다. 11월 4일, 박근혜 대통령의 2차 사과 담화문이 있었다. 박대통령은 일부 의혹에 대해선 잘못을 인정하며 사과했고, 검찰 수사도 받겠다고 말했다. 다음날인 11월 5일, 서울 광화문에서는 대통령 하야를 외치는 20만 명의 시민 집회가 있었다. 이 무렵 대통령 하야를 주장하는 정치인들도 나타났다. 검찰에서는 안종범·차은택 등의 구속 조사가 진행중이고, 최순실과 정호성의 통화 녹음도 증거로 확보했다는 보도가 있었다.

이날 〈썰전〉은 토론자들이 보도 내용에 대해 주로 논평을 하는 수준의 방송이었다.

진술 분석

유 시 민   원론적으로 자기도 수사에 협조하겠다는 뜻이지,

가감없이 그대로 엄정하게 수사를 해라는 의미는
아니다.

진술 분석은 〈썰전〉을 보는 재미 요소 중 하나이다. 유시민
이 먼저 "필요하다면 저 역시 검찰 수사에 성실히 임할 각오"라
는 대통령의 말의 함의를 분석한다.

사 례

전 원 책　미국이 전 클린턴 대통령의 르윈스키 사건을 조사
　　　　　할 때처럼 화상으로 핵심적인 질문들이 공개되어
　　　　　야 한다고 보고, 적어도 녹화 중계라도 해주는 것
　　　　　이 옳지 않겠느냐.

전원책은 검찰의 공정하고 엄정한 수사를 위해 미국의 예
를 들면서 공개적이고 투명한 조사 방식을 제안한다.

팩트 체크

모든 토론에서 팩트를 살펴보는 것은 기본적인 절차이다.
유시민은 안종범이 미르재단 강제 모금과 관련하여 강요 미수,
직권 남용으로 영장이 청구되었다는 사실을 말한다. 그러나 최
순실 · 안종범 등 측근들이 대통령 모르게 한 일인지, 아니면 대

통령이 이들과 함께 벌인 일인지에 대해선 아직 모르는 상태다. 전원책은 뇌물죄가 성립되려면 재벌은 뇌물 공여죄로 처벌되고, 최순실측은 뇌물 수수자가 된다고 말한다.

비유

전 원 책 당장 재벌 쪽에서는 입이 이만큼 나옵니다. 쉽게 말해서, 시장판에서 장사를 하는데 깡패에게 자릿세를 뜯긴단 말이에요. 세상에 권력을 이길 놈 없다고. 뜯어 놓고 뜯긴 놈에게 '너, 뇌물 공여했지' 하며 포괄적 뇌물 수수로 또 엮으면 어떡하자는 말이냐.

'자릿세 뜯는 깡패'라는 비유는 재미있고, 토론 내용을 쉽게 이해시켜 준다. 전원책은 대통령을 시장판 깡패에 비유하며, 유시민이 제시한 뇌물죄 논점에 대해 법적 해석을 한다.

팩트와 추측

유시민은 만약 대통령이 측근들의 범죄를 몰랐다면 대통령도 피해자고, 반대로 만약 대통령이 지시해서 한 일이라면 "대통령이 주범, 안종범은 종범이고, 최순실은 공동정범이다"라고 추측한다. 한편 전원책은 대통령이 뇌물을 받은 것도 아니고, 최순실의 스포츠재단 설립 제안이 좋아서 재벌 회장들에게 선의로 얘기했다고 볼 수도 있다고 본다. 토론자들은 검찰과 언론이 발표한 내용을 근거로 각자 사실을 추측한다.

비유

전원책은 청와대 수석들을 '환관'에 비유하여 '아부만 하는 자들'이라고 비판한다.

팩트와 추측

전 원 책   미르재단이나 K스포츠재단에 여러 명 박아 놓고, 고액 연봉을 줘 가면서 맘대로 휘둘렀다는 거 아니에요. 이러니까 말이 재단이지 결국은 최순실이나 차은택의 개인적 이익을 위한, 혹은 더 나아가 대통령의 퇴임 후를 위한 어떤 하나의 장치로서 이것을 준비한 것 아니냐, 그렇게 되면 이것이 뇌물일 가능성을 검토해야 하는 거예요.

전원책은 측근 비리를 넘어 이를 대통령 자신의 퇴임 후를 준비한 비리라고 추측한다.

사 례

유시민은 최순실과 박근혜 대통령의 관계가 1980년대 중

반 영남대 사태가 발생했을 때와 똑같다고 주장한다. 당시 박근혜 대통령은 영남대 이사였고, 최태민이 배후에서 인사를 다 했다는 것이다. 유시민이 또 다른 비리 사건으로 볼 수 있는 과거 역사적 사건을 예로 든 것은 효과적인 토론 방법이다.

팩트와 합리적 의심

유 시 민   여러 위법 행위까지 저질렀다고 하며 (박대통령이) 남 얘기하듯이 얘기해요. 본인이 대통령으로서 재벌 총수들 만나서 돈을 내라고 해서 돈을 모았어요. 그 돈을 맘대로 해먹는데, 그게 나랑은 상관없이 해먹은 거라고? 그게 우선 납득이 안 되고. 만약 대통령이 피해자가 아니라 공범이라면 이것은 차원이 다른 문제이고요.

기업들도 단순히 동네 깡패가 와서 돈을 뜯어간 게 아닌 것 같아요… 최순실 씨한테 줄을 대고, 박근혜 대통령한테 줄을 대서 자기 애로 사항을 해결하려는 욕구가 있었단 말이에요. (물론) 다 똑같진 않아요. 어떤 기업들은 그냥 마지못해 돈을 내었고, 어떤 기업들은 구체적으로 해결해야 될 현안들이 있었어요. 롯데 그렇죠, 삼성 그렇죠, SK 그렇죠, 한화 그렇죠. 다 저마다 세무 조사, 법원에서 유죄 선

고발은 거, 상속과 관련된 여러 가지 문제 등이 있어서… 부영의 경우 세무 조사 봐 달라고 했다가 잘 안 맞아서 안 받기로 했고, 롯데에서 70억 받았다가 돌려주고… 이것은 전형적으로 뇌물 사건이에요.

전 원 책 이것은 앞으로 특별수사팀이 밝혀야 할 문제예요. 대통령이 어느 선까지 알고 있었느냐. 미르재단이니 스포츠재단이니 하는 것이, 이것이 개인의 사익 추구와 상관이 없다고 알았다면 그것은 대통령이 무능한 것입니다. 그러면 법률적으로는 큰 문제는 안 되겠죠.

유시민은 이전 송민순 회고록에 대한 토론에서는 회고록 내용의 사실 여부가 확인되지 않았으므로 토론이 무의미하다고 주장하여, 결국 가정법으로 토론이 진행된 바 있다. 그런데 유시민은 이번 토론에서는 똑같은 논지를 적용하지 않는다. 전원책도 그 점을 깨닫지 못한다. 대통령의 뇌물죄 혐의는 언론 보도를 통해 알려지고 있지만 아직 사실로 확인된 것은 아니다. 그런데 이 토론에서는 혐의가 확인된 사실인지에 대한 팩트 체크가 없다.

하지만 언론 보도에 기반하여 어느 정도 근거가 있으면 합리적 추론은 가능하다. 소위 혐의에 대한 합리적 의심을 할 수가 있는 것이다. 유시민과 전원책은 언론 보도가 사실이라는 전제하에 합리적 의심을 한 것이다.

말꼬리잡기

전 원 책 그러면 대통령의 무능은 법률적으로는 큰 문제는 안 되겠죠.

유 시 민 왜 큰 문제가 안 돼요. 대통령이 무능한 만큼 큰 문제가 어디 있어요? 그게 진짜 큰 문제죠.

말꼬리잡기는 상대 토론자가 표현한 단어 하나의 사용과 의미에 대해서 이의 제기를 하거나, 다른 맥락으로 사용하여 반격을 하는 방법이다. 유시민은 재빠르게 전원책의 말꼬리를 잡아 대통령의 무능도 큰 문제라는 점을 주장한다.

합리적 의심

유시민과 전원책은 지금까지 나온 검찰 조사 결과와 언론 보도를 근거로 대통령의 혐의에 대해 각자 합리적 의심을 한다.

유 시 민 10대 기업들이 정부에 원한 게 뭔가. 쉬운 해고, 저성과자 퇴출 정책, 법인세 인상 반대다. 대통령이 돈 잘 버는 대기업에게 법인세를 올려 받는 것을 극력 반대해 왔다. 이렇게 의심하니까 총체적으로 기금 모금은 대가성이 있는 것이고, 몇몇 기업들은 적어도 형사적인 여러 조처나 사면에 관련된 민원이 있어서 돈을 냈다는 혐의가 짙은 거예요.

전 원 책 정권과 재계가 완전히 구분이 되어 있었다면, 대부분의 기업들은 사실상 안 뜯겨도 될 돈이에요. 대통령이 뭘 만든다고 하는데, 기업은 돈을 안 주면 눈치 보이고 공포 분위기로 들어간단 말이에요.

비 유

유시민은 대통령과 최순실의 권력 관계를 '바지 사장'과 '실제 사장'으로 비유한다.

유 시 민 바지 사장이거나, 실제 사장이거나. 너무 심한 것 같아요, 변호사님?
전 원 책 그건 너무 심했다.

총 평

이 토론은 검찰 발표와 언론의 보도 내용을 기초로 하여 최순실 게이트 사건의 팩트와 적용 법리를 추측하는 토론이다. 토론 주제와 관련해서 토론자들 사이에 큰 의견이나 관점 차이로 인한 논쟁은 나타나지 않았다. 검찰에서도 아직 사실로 판명나지 않은 사안들에 대해서는 토론자들은 마음껏 합리적 의심에 의한 사실 추측을 하였다. 그리고 토론자들은 비유 방법을 자주 사용하는 것으로 나타났다. 전원책은 비유를 드는 데에 익숙하고 능숙하다. 유시민은 토론 사전 자료 조사와 분석을 바탕으로 팩트 체크를 하고, 요약을 잘한다. 그리고 상대방의 말을 잘 듣고 받아치는 기술도 갖고 있다. 원칙적으로 토론자들이 시사 예능 프로그램의 시청자 눈높이에 맞게 논평과 해석을 주로 하면서 논쟁점 없이 비교적 순조롭게 진행된 토론이었다.

노회찬 등의 〈밤샘 토론〉 '박근혜 대통령 탄핵'

사회: 신예리 기자
토론자: 노회찬 국회의원, 최강욱 변호사 vs
　　　　양동안 명예교수, 정준길 변호사
토론 주제: 피의자가 된 대통령, 탄핵이 답인가?

　　〈밤샘 토론〉은 JTBC 생방송 토론 프로그램이다. 사회자가 있으며, 두 시간 넘게 토론을 한다. 토론일 2016년 11월 25일은 180만 명 촛불집회 하루 전날이고, 여야 국회의원들이 특검, 국정 조사, 탄핵안 발의에 분주한 시점이다. 이날은 최순실 국정 농단 사태와 관련한 세 번째 토론으로서, 헌정 사상 처음으로 '피의자가 된 대통령, 탄핵이 답인가?'라는 주제로 토론한다.

　　토론에는 보수와 진보 진영을 각기 대표하는 논객들이 출연한다. 보수 진영에선 양동안 한국학중앙연구원 명예교수와 정준길 변호사, 그리고 진보 진영에서는 노회찬 정의당 원내대표와 민변 사법위원장을 역임한 최강욱 변호사가 출연한다.

모두(冒頭) 발언

　　사회자가 오늘의 토론 주제인 '피의자가 된 대통령, 탄핵이 답인가?'에 대해 토론자 각자의 견해를 돌아가면서 발표하도록 순서를 정해 준다. 모두 발언은 토론 패널들의 각자 관점과 앞으로 말할 내용 및 방향을 보여준다.

양 동 안 법의 테두리 내에서 해법을 찾아야 한다. 피해야 할 최악의 해법은 군중의 압력을 통해서 문제를 푸는 것이다. 군중의 압력을 통해 대통령을 강제 사임시킨다는 것은 법치주의, 자유민주주의의 유린이다. 강제 사임 후 정치적 혼란이 오고, 반체제 세력의 혁명 기도가 시작될 가능성이 있다.

노 회 찬 민심은 곧 천심이다. 대통령의 자진 사퇴와 질서 있는 퇴진을 통해 내년 4월 조기 대선을 치르는 것이 가장 안정적이고 평화스런 방법이다. 그러나 만약 대통령이 이런 방법을 선택하지 않는다면, 법률적 강제에 의한 방법인 탄핵밖에 없다. 탄핵은 차선이다. 스스로 물러나는 것이 최선이다.

정 준 길 하야라는 방식은 적절하지 않고, 헌법이 정한 절차에 따라 탄핵을 통해 이 문제를 해결하는 것은 민주주의 성숙을 위해 반드시 필요하다. 과거 시위와 대통령 하야의 역사를 보면, 결과적으로 정치인들이 국민의 민주주의 열망을 왜곡시켰다. 5년 단임제로 인하여 임기말 친인척, 측근 비리가 반복되는 문제에 대해서 국민들이 관심을 가지고 정치인들을 철저히 감시해야 한다.

최 강 욱   탄핵만 강조하는 것은 헌법 정신에 일치하지 않는다. 헌법을 유린하고 국정을 농단한 대통령이 헌법의 정신을 지키기 위해 하야 결단을 해줘야 한다. 사회 혼란, 시간 낭비, 정치력 낭비를 줄여야 한다. 우리 헌법에서 대통령의 궐위는 자진 하야도 포함하고 있다. 워터게이트 사건의 닉슨 대통령은 나 자신의 억울함보다는 국가가 더 중요하다, 라는 취지로 사임했다.

주장과 근거

위 첫머리 발언에서 토론자들은 각자 자신의 주장을 펼치고, 그 논거를 설명한다.

먼저 토론자들의 주장의 요지는 다음과 같다.

양동안은 군중의 압력이 아닌 법의 테두리 내에서의 해법을 주장한다.

노회찬은 대통령의 자진 사퇴가 최선이고, 탄핵은 차선이라고 주장한다.

정준길은 하야는 적절하지 않고, 법적 절차를 따라 탄핵 방식의 해결을 주장한다.

최강욱은 탄핵보다는 자진 하야를 주장한다.

그리고 토론자들의 주장의 근거는 다음과 같다.

양 동 안 군중의 압력에 의한 대통령 강제 사임은 법치주의, 자유민주주의의 유린이다. 또한 강제 사임 후 정치적 · 사회적 혼란이 있다.

노 회 찬 대통령의 자진 사퇴가 민심이고, 민심은 곧 천심이다.

정 준 길 탄핵이 민주주의 헌법 절차이다. 과거 법적 절차에 의하지 않았던 시대의 시위와 대통령 하야는 결국 좋지 않은 결과를 초래했다.

최 강 욱 대통령 자진 하야가 헌법 정신을 지키는 것이고, 사회 혼란과 정치력 낭비를 줄이는 것이다.

개념 부여 및 해석

토론은 토론자들이 행위에 대한 서로 다른 개념 부여와 해석하는 과정이다. 토론자들은 '하야' '탄핵' '헌법 정신' 등에 대한 서로 다른 개념을 부여하며, 각자 자신의 해석이 옳다고 주장한다.

양동안이 '군중의 압력'이라고 일컫은 것을 노회찬은 '민심'이라고 말한다.

양동안이 '강제 사임'이라고 보는 것을 노회찬은 '자진 하야'라고 본다.

정준길에 의하면 탄핵은 헌법이 정한 '절차'이고 헌법의 정신을 '회복'하는 것이지만, 최강욱에 의하면 탄핵만을 강조하는 것은 헌법 정신에 '일치하지 않는' 것이고, 대통령 자진 하야가 헌법 정신을 '지키는' 것이다. 탄핵 절차가 헌법 정신이라는 정준길의 주장에 반대하여, 노회찬은 '4·19 정신'이 헌법 정신이라고 주장한다.

경구 인용

노 회 찬   입은 비뚤어져도 말은 바로 하라는 말이 있다.

경구를 인용하면서 노회찬은 상대 패널들이 말을 바로 하지 않는다는 점을 우회적으로 비판한다. 상투적인 경구이지만 경구는 암묵적으로 청중의 동의를 얻어내는 효과를 가진다.

왜곡

양 동 안   최변호사는 나의 주장을 왜곡했다.

최 강 욱   난 왜곡하지 않았다.

정 준 길   자꾸 저희 주장을 오해하지 않았으면 좋겠다.

말의 왜곡과 관련되어 토론 과정에서 나온 말들이다. 상대 패널이 자신의 주장을 왜곡하였다고 단정하는 것은 강한 주장이다. 토론자가 사실 관계를 왜곡해서 발언하는 것이 논점이 되는 경우는 많으나, 토론자가 상대 패널이 자신의 주장을 왜곡한다고 주장하는 경우는 흔치 않다(보통의 경우, 상대 패널이 자신의 주장을 오해한다고 주장한다). 이 경우 토론자는 왜곡 부분을 정확하게 짚어야 할 것이다. 왜냐하면 토론자는 웬만해서는 자신의 잘못을 인정하려 들지 않기 때문이다. 결국 왜곡 여부는 청중이 판단하게 된다.

만약 토론자의 주장을 왜곡한 것이 사실이면 그렇게 왜곡한 패널은 청중에게 좋지 않은 인상을 줄 수 있다. 그러나 반대로 주장 왜곡이 없었음에도 왜곡했다고 허위 주장한 패널은 청중으로부터 좋지 않은 평가를 받을 수 있다. 하지만 모든 게 순간적으로 일어나는 일이라서 토론자들이나 청중도 이미 지나간 발언을 정확히 기억하지 못할 수 있다. 따라서 상대방이 자신의 발언을 왜곡하였다고 주장하는 것은 사실상 토론이 진행되고 있는 상황에서는 확인하기가 어렵다. 바로 이러한 점을 노려서 상대방을 왜곡하는 사람으로 매도하고 자신의 주장을 다시 한 번 강조하는 기회를 삼는 토론자들도 있다.

사 례

사례는 패널과 청중의 설득을 위해 토론자들이 선택한다. 토론자들은 각자 자기 주장에 맞는 역사적 사례를 들어가며 자신의 주장을 강화한다. 최강욱은 유럽의 하야 선례를, 정준길은 미국의 탄핵 사례를 든다.

최 강 욱　　주권은 국민으로부터 나온다. 탄핵은 국민의 요구이다. 국회가 국민의 뜻을 받들어 추진하고 있는 것이다. 탄핵만이 헌법을 지키는 것이라는 주장은 논리의 비약이다. 프랑스 드골 대통령도 7년 중임제 시도하다가 독재라는 반발이 있자 사퇴했다. 최근 독일 대통령도 호텔 비용을 도움받은 사소한 일로도 물러났다.

정 준 길　　군중 요구에 의한 하야보다 탄핵이 더 민주 발전에 바람직하다. 닉슨도 탄핵 절차에 들어가자 사임한 것이다.

비유

노 회 찬　　하야냐, 탄핵이냐, 새누리당이 말할 자격이 없다. 새누리당이 대나무 회초리로 맞을지, 박달나무 몽둥이로 맞을지를 선택하는 것은 언어도단이다.

노회찬의 비유는 언뜻 듣기에는 맞는 것 같지만, 탄핵 상황에 맞는 적절한 비유는 아니다. 체벌 비유의 내용은 잘못이 객관적으로 확인되고, 체벌받는 자가 잘못을 인정한 경우를 전제로 대나무 또는 박달나무 체벌 선택의 문제이다. 이 경우 체벌받는 자가 스스로 체벌 유형을 가려서 선택한다는 것은 어불성설이 맞다. 그러나 비유의 대상이 된 박근혜 대통령의 경우는 이와 전혀 다르다. 대통령의 경우는 잘못이 아직 객관적으로 확인되지 않고, 또 대통령이 잘못을 인정하지 않은 상황이다. 따라서 이런 상황에서 하야 또는 탄핵은 대통령이 선택하는 문제가 아닐뿐더러, 대통령의 입장에선 잘못을 가리는 탄핵을 받아들일 수밖에 없는 상황이다. 따라서 어불성설의 우스꽝스런 상황이 아닌 것이다.

주장의 근거
토론자들의 주장과 그 근거는 다음과 같다.

양 동 안　확인되지 않은 추정된 잘못만으로 하야하라는 것은 문제가 있다. 최변호사의 설명 중 바로잡을 게 있다. 드골은 자신이 국민 신임을 물어 약속을 지킨 것이다.

노 회 찬　대통령이 잘못을 재판 결과를 보고 할 수 없다. 형

사소추를 받지 않기 때문이다. 죄에 대해선 언론이 아니라 국민이 각자 알아서 판단한다. 언론에 휘둘리는 것처럼 말하면 국민을 모독하는 것이다.

정 준 길　탄핵은 일종의 공소 제기이다. 헌법재판소가 엄격하게 판단할 것이다. 기소된 3인 형사 재판 등으로 헌재 재판이 길어질 수 있다. 탄핵 소추 과정에 개헌 논의가 나올 수 있다.

최 강 욱　헌재의 심판 범위는 더 넓다. 헌법 위반을 본다. 확인되지 않는 죄 등 법적인 틀에서만 이 문제를 봐선 안 된다. 법적인 책임 전에 도덕적·정치적 책임이란 게 있다. 법적인 책임만 강조하는 것은 오히려 도덕적·정치적 책임을 자인하는 꼴이다.

바로잡기

양 동 안　최변호사의 설명 중 바로잡을 게 있다. 드골은 자신이 국민 신임을 물어 약속을 지킨 것이다.

양동안은 상대방의 실수나 잘못을 잊지 않고 적절한 때에 지적을 하며 바로잡는다. 상대방의 주장 가운데 잘못을 지적하는 것은 상대방 주장의 신빙성을 떨어뜨리고, 나아가 상대방에 대한 신뢰감도 떨어뜨리는 효과적인 공격 방법이다.

의사 진행 발언

양 동 안   1분 30초 발언 지키고 있는데, 다른 분은 3분씩 한
다.

양동안은 다른 패널들이 발언 시간을 공평하게 사용하지
않는 점에 대해 사회자에게 불만을 표시한다. 그는 의사 진행성
발언으로 다른 패널들의 비신사적인 태도로 인하여 자신이 피
해를 입고 있다는 점을 우회적으로 지적한다.

비 유

양 동 안   미확인 사실로 벌을 주는 것은 마녀 사냥이다.

양동안은 마녀 사냥이란 비유를 사용한다. 그는 시민 촛불
시위나 탄핵을 마녀 사냥에 비유함으로써 미확인 사실로 인한
마녀 사냥의 희생자가 대통령이란 점을 강조한 것이다.

사 례

양 동 안   국민은 항상 옳지는 않다. 영국에서 브렉시트 사건
이 있었고, 고대 아테네에서는 소크라테스가 사형
당했다. 이런 사건들에서 도대체 우리가(국민이) 무
슨 짓을 했는가.

국민의 판단은 항상 옳지 않고 때때로 큰 실수를 저지른다는 점을 강조하기 위해, 양동안은 고대와 현대의 역사적 사건을 각각 사례로 든다.

비유

노 회 찬   미확인 사실로도 말할 수 있다. 법적 결정 이전에 이승만 하야, 전두환 물러나라. 불이 나면 불이야, 라고 소리를 질러야지, 그것이 불인지 아닌지, 어떻게 불이 났는지, 누가 방화범인지 다 조사한 뒤에 불이야 이렇게 얘기합니까? 국민은 지금까지의 정보로 판단을 내린 것이다. 얼마 전 국민을 개, 돼지로 폄하한 고위 관료의 인식과는 다르기를 바란다.

정 준 길   불이야, 물러나라는 요구는 대한민국 헌법에서 인정하고 있는 정치적 자유, 저항권이란 국민의 권리이다.

노회찬의 '불이야' 비유는 재미있고 언뜻 듣기에 적절한 비유처럼 들린다. 하지만 이 비유는 실제 상황에 맞지 않아 적절치 못하다. '불이야'는 화재 현장에서 화재 사실을 외치는 것이다. 그러나 광화문에서 시민들이 외치는 대통령의 잘못은 화재처럼 명백한 사실이 아니다. 노회찬의 화재 비유가 적절한 비유가 되려면 비교 대상이 대등해야 한다. 즉 화재의 이유와 하야의 이유가 대등하게 비교되어야 한다. 즉 하야 이유가 규명되지 않은 상태에서 하야를 외치는 것은, 화재 원인이 규명되지도 않았는데 방화범이 누구라고 외치는 것에 비유되어야 한다.

대인 비판

양 동 안 여러분들은 법의 최고성, 자유민주주의를 부정하려고 한다.

양 동 안 대통령을 무력하게 만든 사람이 누구인가? 여러분들이에요. 미확인된 잘못을 확인된 것처럼 주구장창 말하여 군중을 동원하여 식물 대통령으로 만들었다.

양동안은 토론 주제나 논리에 대한 비판보다는 패널에 대해 인신 비판을 한다.

왜 곡

양 동 안 노회찬 의원의 '불이야' 예는 내 말을 왜곡한 것이다. 나는 '불이야'라고 말하는 표현의 자유를 봉쇄하는 것이 아니다.

양동안은 이번에는 노회찬이 자신의 발언 내용을 왜곡하였다고 지적한다. 양동안은 자신의 주장이 하야를 외치는 시민들의 표현의 자유를 막는 것이 아니란 것이다. 시민은 대통령 하야를 표현할 수 있다. 다만 하야 이유가 사실로 확인되지 않은 상태에서 하야 압박과 강제 사임은 부당하다는 것이다.

양동안은 상대방 패널에게 직접적으로 '당신은 나의 말을 왜곡하였다'라고 단정적으로 말하는 습관이 있다. 물론 상대 패널에게 부정적 이미지를 만드는 하나의 토론 전술일 수 있다.

개념 정의

양 동 안　국민의 감정을 민심이라고 주장하는 것은 법적 절차를 걸친 민심이 아니라 여론 조사를 통한 민심이고, 이는 참고용이다. 국민의 명령은 아니다. 선거를, 국민 투표를 왜 합니까?

양동안은 시위로 표출된 국민 감정과 여론 조사 결과는 민심이 아니고, 국민 투표를 통한 민심만이 민심이라고 개념 정의를 내린다. 이는 광화문 광장의 시위를 민심으로 단정하는 상대 패널들의 개념 정의에 대한 반론인 것이다. 개념에 대해 서로 다른 정의를 내리는 싸움은 토론에서 흔히 볼 수 있는 상징적 투쟁이다.

말자르기

노 회 찬   4주째 백만, 2백만 국민이 거리에 뛰쳐나온다.

양 동 안   국민을 뛰쳐나오게 만드니까 이렇게 된 거다.

노 회 찬   말씀 좀 들어 보시죠.

양 동 안   내가 말할 때 아까는 내 말을 끊어 놓고는….

양동안은 상대 패널의 발언 도중 끼어들어 말을 자른다. 노회찬이 이의 제기하자 양동안은 맞받아친다.

유 머

양동안은 계속된 노회찬의 항의를 유머로 맞받아치면서 말자르기에 성공한다.

노 회 찬   그걸(말자르기) 왜 따라 하십니까?

양 동 안   그걸 따라 할 필요가 있으니깐, 전술상 상당히 훌륭해 보이니까. (일동 웃음)

대인 비판 (인신 비판)

이어지는 노회찬의 인신 공격성 발언도 양동안은 여유 있게 맞받아친다.

노 회 찬   이성 찾으시고요.

양 동 안   난, 이성 말짱해요.

주장과 논증

노 회 찬   대통령이 주범이고, 야당도 책임이 있다. 진실 규명
           을 위한 국정 감사 증인 채택을 새누리당이 막았다.
           사실 확인은 법률적으로 확정되는 것도 있지만, 그
           전에 국민은 정치적 표현의 자유가 있는 것이다. 삼
           일 운동은 뭡니까? 언제 법률로 확정되어서 운동한
           겁니까? 일제 물러나라고 판결을 내린 다음에 삼일
           운동 해야 됩니까? 말이 안 되는 얘기를 하고 계세
           요.

정 준 길   주된 책임 청와대, 여당에 있고, 야당에도 있다. 앞
           서 탄핵 이전에 정치적으로 해결할 기회가 있었다.
           거국 내각, 총리 추천 등… 야당이 모두 거부했다.

최 강 욱   야당은 여당의 프레임을 거부한 것이고, 국민은 (프
           레임을) 꼼수로 받아들이고 분노한다.

노회찬은 대통령의 범행이 법률적으로 확정된 사안은 아니
지만 국민이 이를 판단하고, 대통령 하야는 국민의 정치적 표현
이라고 주장한다. 이미 양동안이 국민의 표현의 자유를 부정한

것이 아니라고 해명했고, 자신의 주장을 왜곡하지 말라고 했음에도 노회찬은 여전히 기존의 논거로 자기 주장을 계속한다. 정준길은 야당 책임의 근거를 제시하고, 최강욱은 야당의 거부 이유를 제시한다.

논리 오류

최 강 욱   미확인 사실로 덮어씌운다는 주장이 성립하려면, 언론과 검찰이 사실을 왜곡하고 국민을 선동한다는 것이 입증되어야 한다. 마찬가지로 확인되지 않은 사실로 그런 주장을 하는 것은 논리적인 오류를 범하고 있는 것이다.

최강욱은 양동안의 논리 오류를 지적하지만 분명하지 않고, 그 자신이 논리 오류에 빠진다. 먼저 양동안의 주장은, 미확인 사실로 대통령에게 죄를 덮어씌우면 안 된다는 것이다. 그런데 최강욱은 양동안이 이 미확인 사실을 입증해야 한다고, 또는 양동안이 검찰과 언론의 사실 왜곡을 입증해야 한다는 것이다. 최강욱에 의하면, 양동안이 이것을 입증하지 않은 채 그런 주장을 하는 것은 논리적 오류라는 것이다.

그런데 양동안 입장에서 미확인된 사실이란 법원에서 확정되지 않은 사실을 의미한다. 따라서 미확인된 사실은 입증의 대상이 되지 못한다. 한편 양동안은 검찰과 언론이 사실을 왜곡한다(왜곡하여 국민을 선동한다)고 주장하지 않았기 때문에 양동안이 이를 입증해야 한다는 것은 논리 오류이다. 결국 양동안이 아니라 최강욱이 논리 오류를 범한 것이다.

풍 자

노 회 찬   권력은 국민으로부터 나온다고 했는데, 왜 최순실로부터 나오고, 공무원은 국민이 아닌 최순실에게 봉사합니까?

노회찬은 국민 주권과 관련하여 최순실의 행위를 재치 있게 풍자한다.

대인 비판

양 동 안   내가 말하면 감정적이고, 노의원이 말하면 이성적이다, 라는 기준은 어디에 있나?

우선 그렇게 하지 마시라고요. 기본적인 예의를 지킵시다.

언론, 정당이 국민을 선동한다. 선동 세력이 있다. 선동은 정치의 기본 기법의 하나이다. 지금 이 자리에서도 여러분은 선동하고 있다. 선동이란 근거 없는 소리로 사람들의 감정을 폭발시키는 것이다.

'검찰 수사, 어떻게 평가하나'라는 의제로 토론하던 중, 양동안은 연달아 두 차례씩이나 상대 패널들에 대해 대인 비판을 한다. 이에 노회찬은 양동안 패널에게 핀잔을 주며 응수한다.

대인 비판

정 준 길   특수 수사 안해 보셨잖아요? 저는 특수 수사해 봤기 때문에 잘 알고 있다.

노 회 찬   그게 무슨 자랑이라고 얘기하는 거예요?

정준길이 토론 의제와 관련하여 잘 안다는 취지로 자신의 수사 경험을 말하자, 노회찬이 즉각적으로 의제 내용이 아닌 대인 비판으로 반격한다.

이후에도 특검, 세월호 7시간, 김기춘, 우병우 수사, 대통령 내외치 복귀의 의제로 토론이 계속되지만, 토론 기술상 지적할 특이 사항이 없어 분석을 생략한다.

총 평

이 토론은 사회자가 진행을 잘하고, 보수 진보 진영의 패널들이 공평하게 자기 주장을 하여 형식과 격식을 갖춘 전형적인 토론이었다. 처음에 토론 발언권을 놓고 노회찬과 양동안이 신경전을 보이기도 하였지만, 대체로 토론자들이 충분히 자신의 주장을 펼치고 각자의 논증도 뚜렷한 토론을 하였다. 그리고 토론자들은 적절한 사례를 제시하여 청중의 설득력을 높이고 있다. 특히 노회찬은 비유와 풍자에 강하다. 그의 비유와 풍자는 때론 논리적 오류를 범하기도 했지만, 전체적으로 토론의 이해와 흥미를 더해 주었다. 임기응변식의 즉각적인 반박은 노회찬의 장점이나, 내용상 논리성과 설득력은 다소 떨어진다. 인신 공격도 서슴지 않는 것이 노회찬의 특징이다. 양동안은 상대 패널이 자신의 주장을 왜곡했다고 자주 주장하였고, 패널을 향해 대인 비판과 말자르기를 자주 하였다. 그는 공격과 반박, 수비 측면에서 토론 기술의 노련함을 보여주었다. 정준길은 논증을 분명하게 하면서 의식적으로 개헌을 자주 언급하였지만, 이를 공통 의제로 이끌어 가는 데에는 실패하였다.

말잘하기 전략

7

이재명 등의 〈뉴스 와이드〉 토론 '최순실 사태 해법은?'

사회: 송지헌 앵커
토론자: 이재명, 황태순, 민영삼 외
토론 주제: 최순실 정국 해법

　　MBN 〈뉴스 와이드〉는 송지헌 앵커가 진행하고, 대여섯 명의 패널들이 나와 논평을 하는 생방송 시사 뉴스 토론 프로그램이다. 2016년 11월 18일, 이 방송 프로그램에서는 이재명 성남시장을 패널로 초대하였다. 당시는 최순실 게이트 관련 장시호 체포, 김종 전 차관이 김기춘을 통해 최순실을 알게 되었다는 진술 확보 등이 뉴스 이슈가 되는 시점이었다. 사회자는 '최순실 정국 해법'이란 토론 주제로 이재명 성남시장을 초대하였다. 하지만 '대선잠룡 탐구생활 이재명 성남시장'이란 영상 자막과 토론 내용을 볼 때, 이날 토론은 사실상 '이재명 대권 주자 검증'이었다. 사회자를 포함하여 황태순·민영삼 등 패널이 참가한 6:1의 토론에서도 이재명 시장은 잘하였다는 네티즌들의 평가를 받았다.

비유

토론이 시작되자 사회자의 질문에 이재명은 대선 주자를 달리기 선수에 비유한다. 그의 비유는 적절하고, 유머 감각까지 곁들여 패널들의 웃음까지 이끌어낸다.

사 회 자 차기 대선 주자 지지도 3위이다. 앞으로 계속 갈 것으로 생각하시나 보네요. 문재인 · 안철수 전 대표들을 별로 신경도 안 쓰시겠네요.

이 재 명 상대를 신경쓸 필요 없죠. 원래 달리기를 할 때는 앞을 보고 열심히 뛰어야지, 다른 선수들이 어디쯤 뛰어오나, 이런 것을 볼 필요가 없는 거죠. 최선을 다하고, 결승점에서 확인하면 됩니다. (일동 웃음)

개념 정의내리기

사 회 자 좀 과격하다, 이런 지적들을 받지 않으세요? 확장성이 있느냐?

이 재 명 제가 좀 과격하죠. 정치적 상대방에 대해서 과격한 게 아니고, 사회악이나 우리가 극복해야 될 장벽들에 대해서 제가 과격합니다. 중도 확장성에 관해선, 보통은 애매모호한 태도를 취하면 중도의 지지를 받을 수 있다고 생각하는 경향이 있는데, 저는 그 반대로 생각합니다. 보통은 정체성을 분명하게 하지 않고 애매하게 해서 위치를 이동하죠. 그런데 중도적 성향의 보터, 즉 스윙보터들, 부동층은 정치적 편향을 갖고 있는 것이 아니고, 자기한테 이익되느냐 안 되느냐를 심각히 고려하는 집단이다. 우리 사회를 보면 '보수는 유능한데 부패하고, 진보는 깨끗하긴 한데 무능하다'라는 프레임이 있다. 만약에 깨끗하게 정책을 실제 집행하는, 실력과 능력을 증거로 보여준다면 (그들은) 자기한테 이익이 되니까 거부할 이유가 없죠. 위치를 이동할 게 아니라 자기 주장이나 정책을 분명히 하고, 그것을 실력으로 증명하는 게 진짜 중도를 확장하는 것이다.

이재명은 '과격성'과 '중도 확장성'의 의미를 다른 콘텍스트 속에 넣어 새로운 개념 정의를 한다.

의제 설정

사 회 자　최순실 사태를 보면 돈 권력이 실력이에요. 그래서 돈을 마구 푸시는 거예요? '복지 악마', 이런 얘기 들어가면서?

이 재 명　하하. 저한테 복지 악마, 포퓰리스트, 이렇게 말씀하시는데….

이재명은 잠시 뒤에 자신이 설명할 '포퓰리스트'를 의도적으로 미리 언급한다. 연관된 의제를 설정해 가며 준비한 발언을 하기 위한 포석이라고 할 수 있다. 이재명은 자신을 향한 이런 호칭들은 결국 자신이 칭찬받을 사람이란 것이라고 주장한다.

유 머

사 회 자 무상 산후조리원, 청년 수당, 무상 교복에까지, 모두 성남시로 이사 가야 할 것 같아요.

이재명이 성남시장으로 복지 정책을 많이 시행하고 있음을 사회자가 유머스럽게 설명한다.

사 례

이 재 명 제가 부산까지 쫓아가서 자동차에 족쇄를 채웠거든요. 하하. 그래서 성남시가 경기도에서 세금 체납률이 제일 낮습니다. 징수율이 가장 높구요.

사 회 자 부산까지 쫓아갈 정도면 정말 과격하군요.

이 재 명 네, 제가 그런 데에 과격하죠.

체납자를 용납하지 않고 끝까지 쫓아가 세금 징수를 한 사례를 들며 이재명은 자신의 행동과 업적을 자찬한다.

반 문

이 재 명 제가 못한 게 뭐가 있느냐? 제가 이렇게 묻고 싶습니다. 포퓰리스트란 개념이 원래 지지율을 획득하기 위해 하지 말아야 할 일, 바람직하지 않은 일을 하는 것을 의미하지 않습니까? 그런 거 지적해 보라고 하니까 아무도 지적 못하더라구요.

사 회 자 오늘 패널들도 아무도 안 나서시네요, 이상하게도. 저 혼자만 계속 질문하고 있는데, 다른 때 같으면 바로바로 나오는데, 오늘은 거의 7분이 지나도록… 무슨 일 있으세요? 왜? 조용? (일동 웃음) 이시장이 매끄럽게 말씀을 잘하셔서 그런가.

이재명은 자신에게 포퓰리스트라고 비판하는 사람들에게 자신이 잘못한 게 뭐가 있느냐고 반문한다. 이때의 반문 형식은 이재명 시장이 자신감을 내비치는 강조 기법이다.

개념 정의

한 패널은 이재명 현상이 필리핀의 두테르테, 미국의 트럼프 등 세계적 현상 흐름의 일환이라고 인정하면서, 그런데 왜 하필이면 우리 나라에선 그 대상이 이재명인가, 라고 질문한다. 이 질문에 이재명은 자신을 '머슴'에 비유하면서, 그 개념을 설명한다.

이 재 명   저는 철저하게 대중 속으로 들어가서 대중과 같이 호흡하고, 대중의 정서를 빨리 읽어낸다. 저는 저의 위상 자체를 '대리인' '월급받는 머슴이다'라고 개념 규정을 한다. 제 주장과 제 계산보다는 대중, 국민이 요구하는 바를 먼저 얘기한다. 그래서 이번 최순실·박근혜 게이트도 아무도 얘기 안할 때, 제가 퇴진 요구를 했다. 그리고 며칠 후 탄핵을 얘기했다. 박근혜·새누리당은 본질적으로 국민을 주인으로 섬기기보다는 지배 대상으로 생각한다.

유 머

패 널   이재명 시장이 상당히 예리하고, 정세에 맞는 얘기를 선제적으로 해나가는 능력이 있다. 개인적인 정치 역량인가, 아니면 토론팀 또는 비선 실세가 있는 건지?

이 재 명   비선 실세는 저의 집사람 정도 있고요. (일동 웃음)

사 회 자   비선 관리를 잘하셔야 돼요.

이 재 명   네, 제가 집사람에게 잘합니다. …국민 대중이 저의 참모죠.

이같은 이재명의 유머는 동시에 여성 존중이란 함의를 갖고 있어 여성표를 의식한 전략적인 유머로 보인다.

끼어들기

한 패널이 이재명을 겨냥하여 '광장 정치를 한다' 등의 얘기를 하던 도중, 이재명이 곧바로 끼어들어 짧게 해명을 한다. 끼어들기는 순간 타이밍이 중요하고 간결한 말이 효과적인데, 이재명은 이런 기회를 잘 포착하는 편이다.

이 재 명　　원래 그런 거니까 올인은 아니죠.

맞받아치기

이재명은 곤란한 질문을 맞받아치는 형식으로 자기 홍보의 기회로 이용하는 기지를 발휘한다.

패　널　　강연 등 지방에서 대선 행보, 시정 차질, 그리고 사회 갈등 조정 능력 같은 것은 보이지 않는다.

이 재 명　　강연은 성남시 홍보 효과가 있다. 광역시로 오해할 정도로 시의 브랜드 가치가 올라갔다. 그리고 저는 시의 선장이다. 초기엔 조타실·식당칸·짐칸도 들어가 봤는데, 지금은 다 정리가 돼서 지도하고 방향만 잘 정하면 잘 운영된다. 시정에 누수가 발생하지 않느냐 이건데, 아무 지장이 없다. 어느 주민도 저희한테 왜 시정이 엉망이냐 하지 않는다. 현실이 증명하니까 걱정하시지 않아도 될 것 같다. 두번째는 소규모 단체를 맡고 있었기 때문에 경륜이나 이런 측면에서 갈등 조정 능력이 있겠느냐 질문하셨잖아요. 지금은 과거에 무슨 경력을 가졌냐가 중요한 게 아니라, 그 경력과 지위와 권한을 가지고 무엇을 했느냐, 그 실적을 중요시하는 시대가 됐다. 그 점에서 성남시 실적을 제가 확실하게 증명하고 있다.

비유

이재명은 준비된 비유를 예로 들면서 쉬운 설명을 한다. 심지어 그는 패널 질문까지도 은유로 만든다.

이 재 명   저는 시의 선장이다. 초기엔 조타실·식당칸·짐킨도 들어가 봤는데, 지금은 다 정리가 돼서 지도하고 방향만 잘 정하면 잘 운영된다. 시정에 누수가 발생하지 않느냐 이건데, 아무 지장이 없다.

비 유

패　널	안철수도 초창기에 '풀장에서 수영 잘하면 바다에 나가서 수영 잘한다'고 그랬거든요. 그런데 막상 바다에 나가 보니까 수영을 잘 못했잖아요.

수영 비유는 안철수가 지난 서울시장 출마와 관련하여 자신의 행정 능력을 의심하는 질문에 대한 답에서 나온 것이다. 당시 안철수는 "수영장에서 수영할 줄 알면, 태평양에서도 수영 가능하다"라는 비유를 들었다. 당시 '풀장과 바다는 다르다'는 비판조의 논평도 있었던 인상적인 비유인데, 민영삼 패널이 똑같은 비유를 들어 이재명에게 질문을 한 것이다.

딱지붙이기

패 널	성남시장으로서는 전혀 접하지 않은 외교안보 정책에 대한 컨트롤을 해야 하는데 (능력에) 우려가 있다.
이 재 명	균형 외교를 하여야 한다. 그 점에선 제가 확신할 수 있다. 현재의 널뛰기 외교, 줏대 없는 외교, 비자주적 외교로 중심을 명확히 잡아야 한다. 거기에는 능력도 필요하고, 의지가 제일 필요하다.

이재명은 '외교'에 여러 가지 말을 덧붙여 외교의 성격을

규정하는 여러 복합어를 만든다. 외교란 말에 여러 수식어를 붙여 딱지붙이기를 하는 것이다.

비아냥, 맞받아치기

패 널 이러다가 전국의 246개 군수 구청장들 대선 출마 선언하는 게 아닌지 모르겠다.

이 재 명 그게 맘대로 안 되는 게 아닐 텐데요. 하하.

패 널 이시장은 탄핵을 주장하시는데, 탄핵은 국회의원 들이 하는 거 아닌가요? 시장은 이제 시정 활동에 주력하는 게 맞지 않느냐.

이 재 명 국민의 한 사람으로서 탄핵이 가능하도록 여론에 참여하는 것도 필요하다.

입장 표명

이재명은 토론중 어떤 사안에 대해서 선명한 입장 표명을 한다.

패 널 그저께 유엔에서 북한인권결의안을 12년 연속 채택하였다. 한 달 전, 여야 간 송민순 회고록에 대한 진실 게임도 있다. 이시장은 북한인권결의안에 대해 어떻게 생각하고, 만약 집권할 경우 어떻게 처리할 것인지?

이 재 명   기본적으로 북한 인권이 개선되어야 한다는 입장
이다. 남북은 특수 관계에 있다. 시대 상황에 따라
다르게 판단할 필요가 있다. 회고록 관련해서는 당
시 남북정상회담의 상황에서는 결의안에 기권하는
것이 적절했다고 본다. 북한의 의견을 조회하는 게
정상이다. 극단적으로 갈등하고 대립하는 상황이
라면 물어본 게 이상하죠. 결국 이렇게 했어야 한
다. 즉 그때는 상황이 지금과 다르다. 지금의 기준에
서 말하지 마라. 기권하는 것이 적절하였다, 라고 말
하고 끝냈으면 딱 좋았을 것이다.

자신감

토론 종료 시간이 얼마 남지 않은 시점에서 이재명은 패널
들에게 공격적인 질문을 하라고 자신감과 여유를 보인다.

이 재 명   저는 말씀을 듣고 싶은데요. 말씀 좀 더하시죠. 저
한테 질문하시고 싶은 말씀….

패 널   공격이니깐….

이 재 명   하세요.

(…)

이 재 명   이런 것도 물어봐 주세요, 다른 후보들과의 차이점
          이 뭔가…. (일동 웃음)

메 모

이재명 시장은 토론중 상대 패널의 질문이나 주장을 메모하며 논점을 놓치지 않고 말한다. 패널의 메모 행위는 시청자들에게 진지하고 성실한 모습으로 긍정적 이미지를 줄 수 있다.

총 평

이재명의 주장과 논지는 뚜렷하고, 논거가 분명하다. 이재명은 상대방의 질문이나 말을 잘 기억하고, 상대방의 공격을 받을 때 상대방이 사용한 용어나 논거를 맞받아치는 데에도 능하다. 이 모두는 준비되고 계산된 행동이고, 질문들도 자신이 의도하는 방향으로 이끌어 가거나, 패널들에게 반대 질문을 하는 등 도전적이고 여유 있는 토론 태도를 보였다. 또한 이재명은 적절한 비유를 자주 들었고, 유머 감각도 있다. 이재명의 주장이나 비유는 대부분 상당히 준비된 것들로 보이나, 임기응변적으로 나온 것들도 있어 보인다. 사실상 6:1의 토론에서 이재명이 승리한 토론이었다.

이재명·전원책의 〈이것이 정치다〉 토론
'대통령 탄핵과 개헌'

〈전원책의 이것이 정치다〉는 보수논객 전원책 변호사가 진행을 보는 TV조선 시사 토크 쇼 프로그램이다. 이 프로그램은 정치 이슈와 관련된 정치인을 초대하여 진행자가 인터뷰하는 포맷이다. 진행자는 마치 1:1 토론의 패널처럼 자신의 생각을 많이 담은 주장을 펼치며, 인터뷰어와 토론을 하기도 한다.

대통령 탄핵 국회 통과 전날인 2016년 12월 8일 방송 프로그램에서는 이재명 성남시장이 출연하였다. 이날은 대통령 탄핵과 대선 주자로서 급부상하고 있는 이재명에 대해서 진행자와 이재명이 사실상 양자 토론을 하였다.

유 머
토론은 토크 쇼답게 유머로 시작한다.

전 원 책　　오늘은 쓴소리도 좀 하려고 모셨습니다. 지지율도 올라가니까 쓴소리도 좀 해야 될 것 같습니다.

이 재 명   네, 좀 세게 해주십시오. 하하. (일동 웃음)

이어 전원책은 "공격하려구요"라고 말하며, 실제로 이재명 시장에게 많은 공격적인 질문과 반대 주장을 하여 사실상 양자 토론을 벌인다.

주장과 논증

전원책은 야 3당 의원들의 일괄 사퇴서가 국회의 의결권 침해 및 양심의 자유 침해라고 주장한다. 이에 대해 이재명은 의원 사퇴서와 압박은 탄핵을 바라는 국민의 뜻을 우선시하는 의무라고 논증한다.

전 원 책   (국회가) 의결권 침해하고, 양심의 자유를 침해하는 것이다.

이 재 명   정치인들이 국민을 지배하는 자가 아니라 국민의 뜻을 대리하는 머슴이다, 라는 점을 분명히 하면 이런 사태에 대한 답은 간단히 나온다. 전체 국민의 80% 가까운 국민이 탄핵을 원한다. 제도, 법, 정치인들은 국민의 민복을 위한 도구라는 것이다. (국회는) 그런 국민의 뜻을 반영하기 위해서 노력해야 되는 것이다. 국민의 뜻이 우선이냐, 아니면 사소한 절차나 윤리도덕이 우선이냐 할 때, 저는 국민의 뜻이 언제나 우선해야 된다고 보기 때문에 필요하면 사퇴서도 내고, 압박도 하고, 국민의 뜻이 관철되도록 노력하는 것이 의무이다.

반박과 재반박

전 원 책 지당한 말씀이다. 하지만 국민이 주권자이고 정치인은 공복이고 머슴이다, 라는 얘기는 교과서 안에 있는 얘기다. 실제 우리를 지배하는 자는 정부, 국회의원, 대통령이다.

이 재 명 교과서는 옳은 것이고, 그렇게 가야 되기 때문에 교과서인 것이다. 그런데 현실이 교과서를 제대로 안 따른다고 해서 이 현실을 전제로 계속 유지시키면 안 된다. 박근혜 대통령이 헌정 질서 파괴뿐만이 아니라 중범죄 행위를 했고, 주범이란 사실이 밝혀졌기 때문에 대통령을 내보내자, 라고 하는 국민이 전체 국민의 2/3가 넘어 80퍼센트에 육박한다. 이런 국민의 뜻을 반영하지 않고 배신하여 대통령직을 유지하게 하려는 움직임이 있다. 그것은 주인을 배신하고, 공직자로서의 의무를 파기하는 것이다. 그에 대해 제재하는 것인데 뭐 그리 나쁜 짓이겠는가.

전원책의 국회 의결권 침해에 대해 이재명이 반박하고, 다시 전원책이 반박하고, 또다시 이재명이 반박하는 재반박이 이어진다. 논점을 회피하지 않고 반박을 하는 자세, 논거를 제시하는 반박 태도는 토론의 질과 흥미를 더해 준다.

발언 주도권

전 원 책　말하자면 피고인이 없는 상태에서 대통령이 주범이다, 중대한 범죄다,라고 하면 아직까지 확정되지 않은 사안에 있어서 좀 어려운 문제가 있지 않을까?

이 재 명　그건 소위 무죄추정의 원칙이라고 하는 것으로, 개인이 범죄를 저질렀을 때 해당되는 얘기다.

전 원 책　'의심스러운 것은 피고인의 이익으로'….

이 재 명　저도 말 좀 하게 해주세요, 하하.

이재명은 발언하는 도중 상대방에 의해 말이 잘리면 곧바로 피해자처럼 짤막한 의사 진행 발언을 하며 발언을 계속한다. 발언 기회를 더 많이 갖고, 발언 주도권을 갖기 위한 전략적 행동이다. (잠시 후 전원책이 또 이재명의 말을 끊자, 이재명은 또다시 다음과 같은 말을 던지고 하던 발언을 계속한다. **이재명:** 잠깐 있어

봐요.)

주장과 논거

이 재 명 그것(무죄추정의 원칙)은 개인이 국가 권력과 맞닥뜨
릴 때, 그 개인을 범죄자로 단죄하여 불이익을 주지
말라는 뜻이다. 국가 권력을 장악한 대통령의 명백
하게 드러난 범죄 행위를 무죄추정주의 원칙으로,
아직 유죄 확정 판정을 받지 않았으므로 일반 국민
과 똑같이 보호해야 한다는 것은 논리 모순이다.

전 원 책 대통령이냐, 일반 국민이냐, 이걸 따질 필요는 없는
것이다.

(**이재명**: 변호사님은 교과서를 다시 보셔야 해요.)

전 원 책 무죄추정주의 원칙은 대통령이나 국회의원 같은
강자에게는 통하지 않는다는 얘기입니까?

이 재 명 아니죠. 그것은 형사 처벌을 하는 법정에서의 얘기
이다. (이때 전원책이 말을 끊자, **이재명**: 잠깐 있어 봐요.)
대통령이 청와대를 나오는 순간 민간인이기 때문
에 체포되어야 한다는 것이 저의 생각이다. 지금은
국가 원수로서 체면이 있으니 기소만 미뤄 주자, 라
고 하는 것이 법이다. 법정에 가서는 무죄추정주의
원칙에 의해서 충분히 존중받을 것이다. 지금은 재

판을 하는 것이 아니라 정치적 판단을 하는 것이고, 고용된 머슴에게 책임을 묻는 것이다.

이재명은 처음에는 무죄추정주의 원칙으로 권력을 가진 대통령을 일반인처럼 보호해서는 안 된다고 주장한다. 이재명은 전원책에게 '교과서를 다시 보라'는 식의 훈계 같은 비아냥을 던지기도 한다. 그러다가 전원책이 계속해서 따지고 들자, 이재명은 한 발 물러나 대통령에게도 무죄추정주의 원칙이 적용됨을 인정한다. 그래서 이재명은 무죄추정주의 원칙을 더 이상 논거로 사용하지 않고, 정치적 책임을 논거로 삼아 대통령에게 정치적 책임을 물어야 한다고 주장한다.

논증
이재명은 선동적 발언이 지지율 상승과 인과 관계가 없음을 예외적 사례로써 논증한다.

전 원 책　대통령 후보 지지도가 문재인, 반기문에 이어 3위로 상승하고 있다. 광장에 나가서 자극적이고 선동적인 발언을 하여 자신의 지지율을 올렸다는 비판이 있다. 그 점 어떻게 생각하는가.

이 재 명　우리가 현상을 보고 판단하면 바보가 된다. 근본을

봐야 된다. 비교를 하자면 저처럼 강성 발언, 강성 행동을 하는 정치인들이 많다. 물론 따라 하는 것이지만. 그러나 그들은 지지율이 올라가지 않았다.

개념 정의

전 원 책   자극적 발언, 강성 발언을 통해서 지지율이 올라갔다는 사실은 인정하시는 거죠?

이 재 명   자극적이라고 하시는데, 저는 국민이 일반적으로 쓰는 단어를 썼어요. 머슴은 주인이 쓰는 언어를 써야 한다. 언어는 의사 전달을 하기 위해 사용하는 것이다. 저는 알아듣기 쉬운 편한 말을 쓴다.

이재명은 자극적인 언어는 일반 국민이 하는 쉬운 말이라는 개념으로 정의한다.

은유

이재명: 여러분의 손으로 무덤을 파자. 우리 손으로 끌어 잡아 역사 속으로, 박정희의 유해 옆으로 보내주자. (12 · 3)

(세월호 당일 7시간은) 최대치로는 고의적 살인 가능성.

이상은 이재명의 말이 자극적이고 선동적인데다가 지나치

다며 전원책이 방송에서 준비해 둔 자료를 보여준 것이다. 이에 대해 이재명은 은유적 표현이라고 해명한다.

전 원 책 이런 표현들은 너무 지나친 것이 아닌가?

이 재 명 무덤이란 것은 은유적 표현이다.

전 원 책 하지만 광장의 시민들은 그걸 은유적으로 안 믿는 다.

이 재 명 그렇다면 조족지혈이란 말. 새 발의 피. 피라는 이런 말도 하면 안 된다. 이런 것도 은유적 표현이다. 역사의 무덤으로 보내자. (…) 상징적 표현들을 너무 현실적으로, 실체에 관한 것으로 알아들으니 무슨 말을 할 수 있나.

말자르기

이재명과 전원책은 서로 상대방의 말을 자르면서 논박을 계속한다.

이 재 명 박근혜 대통령이 5년 동안 대한민국을 다 망가뜨 렸다.

전 원 책 다 망가뜨린 건 아니고. 헌법 질서를 파괴했다, 이 정도로 합시다.

이 재 명　아이, 가만있어 보세요. 범죄 행위도 했잖아요.

전 원 책　잘한 것도 좀 있어요. 전부 못한 건 아니에요.

되받아치기, 유머

전 원 책　자극적이고 선동적인 발언으로 일정 부분 성과는 거
　　　　두었다. 앞으로도 그런 발언을 계속할 것인가?

이 재 명　저는 바뀌는 게 없어요. 전변호사님, 아시죠? 사람
　　　　이 바뀌면 죽을 때가 됐다는 말.

전 원 책　하하하.

이 재 명　상황에 따라 바뀌면 믿을 수가 없잖습니까?

자극적이고 선동적인 발언을 계속할 것이냐고 전원책이 공
격적인 질문을 하자, 이재명은 계속한다는 취지의 유머로써 답
한다. 이재명은 자신의 발언이 자극적인 것이 아니라 일반 국민
이 사용하는 말이라는 생각을 일관성 있게 갖고 있기 때문으로
보인다.

보수 개념 정의

이 재 명　전변호사는 진짜 보수이다. 저도 내면을 들여다보
　　　　면 똑같은 보수이다.

전 원 책　이재명 시장이 보수라고 하면, 내일 해가 서쪽에서

뜹니다.

이 재 명   법, 규칙이 정한 대로 하자는 것이다. 이 나라의 보수라고 불리는 사람들이 사실은 부정의, 불법, 편법, 탈법, 사회악을 저지르면서 보수라는 포장을 쓰고 있는 것이다.

전 원 책   그러면 내가 사회악?

이 재 명   거기는 건전한 보수죠. 그러니 분리해야 된다.

이재명은 법과 규칙을 준수하는 기준에서 자신이 보수라고 말한다. 그리고 법을 지키지 않는 사이비 보수를 건전한 보수와 분리해야 한다고 본다. 하지만 이재명이 보수 개념을 합법/불법의 범주로 정의한 것은 타당하지 않다.

전 원 책   보수주의 정책은 사용하지 않으면서 무슨 보수라고 하는가?

이 재 명   제가 구현하고 싶은 제일 중요한 가치는 법 앞에 평등으로서, 법치가 시행되는 나라다. 재벌도 나쁜 짓 하면 처벌된다, 공정한 경쟁이 보장되는 시장 경제 질서 제대로 만들자, 자유민주주의 지키자, 자유민주주의 가치가 제대로 구현되는 나라 만들자 등, 이게 왜 보수주의 정책인가?

전 원 책　　나도 그런 말 똑같이 한다. 그런데 그 반대되는 얘기 한번이라도 했는가? 노동 경직성, 노동 윤리 등.

이 재 명　　얘기한다.

이재명이 주장하는 자유민주주의 가치 구현은 보수주의 정책이 아님을 전원책도 동의한다. 그래서 전원책은 재빠르게 보수가 지적할 수 있는 노동 경직성 등을 거론하는데, 이에 대해 이재명의 대답은 분명하지 않아 보인다.

개념 정의

이 재 명　　정규직·비정규직 모두 똑같은 직장에서 똑같은 노동을 했으면 똑같은 보수를 받아야 한다는 것은 헌법상의 원칙 아닌가?

전 원 책　　동일 노동, 동일 임금 얘기는 헌법상의 원칙이 아니라, 사회민주주의의 가장 근본적인 주장 중의 하나다.

이 재 명　　사회민주주의가 아니라 미국에선 당연한 얘기이다. 초보적 민주주의지, 사회민주주의하곤 아무런 상관이 없다.

전 원 책　　시간이 없어서, 그 얘기는 나중에 하자.

토론자들은 서로 보수라고 자처했음에도 동일 노동, 동일 임금 정책을 놓고서는 서로의 관점이 다르다. 즉 전원책은 이를 사회민주주의적 정책으로 보는 반면, 이재명은 이를 초보적 민주주의의 정책으로 본다.

질문법

토론자 둘 다 보수를 자처하는 입장은 노사 문제를 바라보는 관점에서 엇갈린다. 계속되는 전원책의 소크라테스식 질문들이 양 토론자의 관점의 차이를 드러내는 데에 기여한다.

전 원 책   가령 생산성을 올리기 위해 노동자들에게 근로 윤리 바꿔 보자, 라는 얘기를 하신 적이 있나?

이 재 명   그런 거야 기본에 해당되는 것이므로 상대적으로 할 필요가 없다.

전 원 책   왜 안하는가?

이 재 명   왜냐하면 그보다 더 중요한 문제가 많기 때문이다.

전 원 책   반대쪽만 공격하고, 저쪽은 왜 얘기 안하는가?

이 재 명   공화국이란 동등해야 한다. 누구는 힘이 세고 많이 가지고 있고, 조금 가진 사람들이 올망졸망 있다. 억울하게 피해받는 약자 쪽을 먼저 얘기해야 한다.

전 원 책   그건 당연하다. 가령 노사 문제에 있어서 누가 강자인가?

이 재 명　　사가 확실한 강자이다.

전 원 책　　아, 그건 저하고 조금 시각의 차이가 있다.

이 재 명　　52시간 이상 일시키면 처벌하게 되어 있는데, 지금 52시간 이상 일하고 있는 사람이 360만 명이 넘는다. 최저임금 시간당 6,030원 못 받는 사람이 240만 명이다.

전 원 책　　(웃으면서) 내가 지금 앵커로서 직분을 벗어났다. (일동 웃음)

주장과 논거

이재명은 보수주의의 논거를 법치주의로 보고, 자신이 보수라고 자칭한다. 그는 전원책의 동의까지 얻어낸다.

이 재 명　　현재 만들어진 법과 약속한 것들을 제대로 지키자, 라고 하기 때문에 저는 보수라니까요.

전 원 책　　그 토론은 나중에 하자니까요. 내가 이재명 시장하고 친하니까 보수적 성향이 상당히 있다는 것을 압니다.

이 재 명　　진짜 보수라니까요.

전 원 책　　그래서 따지고 들었다. (일동 웃음)

비유, 맞받아치기

전 원 책   대선 주자로서 대선에만 자꾸 신경쓰면 성남시 소
         는 누가 키웁니까?

이 재 명   제가 지휘하는 공무원 소몰이들이 잘 키우고 있습
         니다. 제가 소를 키우는 게 아니라, 소 키우는 직원
         들이 잘하는지 방향만 잡아 주며 관리하는 거다. 배
         의 선장이 식당칸, 화물칸, 조타실을 들락날락합
         니까.

전 원 책   선장이 배 안에는 있어야 하잖아요.

이 재 명   배 안에는 있지요.

　　전원책이 이재명에게 시정의 직무 유기를 빗대어 성남 소
를 애기하자, 이재명은 비유로 반박한다. 토론자들은 비유는 비
유로 맞받아치며 서로 주거니받거니 토론을 한다.

선명한 입장 표명

　　이재명은 개헌 질문에 대해 분명하게 대답한다. 즉 당장의
개헌에는 반대하지만, 다음 정권에서 개헌을 이행한다는 입장을
분명하게 표명한다.

전 원 책   대통령 선거에 나선다면, 개헌을 공약으로 내걸 것

인가?

이 재 명 그렇다. 현재는 집 안에 불이 나서 온 국민이 불 끄느라고 정신이 없는데, 다음의 곳간을 누가 차지하느냐 논쟁하는 것은 정말 혼날 일이다. 국민들이 받아들일 수 없다. 둘째는 정치 기득권자들이 기득권을 회복하기 위해 정계 개편의 수단으로 개헌을 얘기하기 때문에 지금은 그런 계기로 얘기하면 안 된다. 최종 결론은, 이번에 계기가 됐으니깐 시간도 짧고 대통령 후보들이 개헌에 대한 로드맵과 내용을 제시한 다음, 국민의 심판을 받아서 당선된 쪽이 개헌을 이행하는 것이 가장 합리적이라고 생각한다.

총 평

이재명은 시종일관 유머와 여유를 잃지 않고 공격적인 질문을 되받아치는 기술을 사용한다.

되받아치는 기술은 토론 전에 준비한 사전 지식과 정보를 가지고 순간적으로 판단하기 때문에 가능하다. 이재명은 반박과 재반박의 논증에서 항상 개념 정의를 내려서, 그의 주장은 논증이 맞거나 틀리다를 떠나서 선명하게 들린다. 전원책도 주장의 논거가 뚜렷하다. 이재명과 전원책은 둘 다 비유법·은유법을 사용하는 데에 능숙하다. 그리고 이재명은 토론 주도권을 잡기 위해 좀 더 발언 기회를 가지려고 노력하는데, 상대 패널에게 말 좀 하게 해달라고 하거나 상대 패널의 말을 자른다. 전원책도 말자르기와 끼어들기를 자연스럽고 능숙하게 잘한다.

안희정·남경필 등의 〈100분 토론〉 '한국 정치 大개조, 가능한가?'

사회: 박용찬 mbc 시사제작국장
토론자: 남경필 경기도지사, 이동관 전 청와대 홍보수석,
　　　　안희정 충청남도지사, 노회찬 정의당 원내대표
토론 주제: 한국 정치 大개조, 가능한가?

　〈100분 토론〉은 MBC의 대표적인 생방송 시사 토론 프로그램이다. 사회자가 있고, 입장이나 진영이 다른 2명씩의 패널들이 나와서 밤 늦게 토론을 한다. 사회자가 미리 정해진 의제에 따라 주도적으로 진행하는 정통적인 토론 방식이다.

　2017년 1월 3일의 〈100분 토론〉에서는 신년 특집으로 '한국 정치 大개조, 가능한가?'라는 주제로 보수·진보 진영의 대선 후보 주자들과 논객들이 토론했다. 이 토론은 한국 정치의 문제와 위기를 진단하고, 대통령 선거를 앞두고 국가를 개조할 정치 방법은 무엇인지 모색해 보는 토론이다.

　여기서는 패널들의 발언을 최대한 요약 정리하면서 토론 기술에 관련된 부분을 강조하고자 한다.

모두 발언의 키워드

　사회자는 모든 패널들에게 대선의 의미를 질문하고, 각 패

널들은 모두 발언식으로 답한다.

사 회 자   2017년 대선의 시대적 소명은 어떤 것인가?

남 경 필   최순실 사건, 촛불 민심으로 나타난 것으로서 구체
제를 청산하고 대한민국을 리빌딩하라는 것이다.
이것이 대선의 중요한 아젠다가 될 것이다.

안 희 정   그런데 어떻게 할 것인가가 문제다. 핵심은 민주주
의 확산이다. 민주주의 철학과 지도력을 가진 지도
자를 검증해야 한다.

노 회 찬   향후 30년 장기 목표로 선진복지국가, 평화로운 한
반도 체제를 만들어 가는 첫 출발이 되는 선거가 되
어야 한다.

이 동 관   그동안의 모든 정치적 적폐인 1987년 체제를 청산
하는, 정(正)과 반(反)에서 합(合)의 민주주의 국가 운
영 체제를 만들어 가는 과제가 주어진 선거이다.

각 패널들은 모두 발언에서 키워드를 넣어 짧게 자신의 소
신을 꾸민다. 남경필은 대한민국 '리빌딩', 안희정은 '민주주의
철학과 지도력', 노희찬은 '선진복지국가론', 이동관은 '1987년
체제 청산의 합의 민주주의'란 표현을 사용한다. 이 가운데 남
경필의 '리빌딩'이란 영어가 눈에 띄지만 다소 진부하고, 안희

정의 민주주의 철학은 추상적이나 원칙론의 강한 느낌을 주고, 이동관의 '합의 민주주의'는 역시 추상적이나 새로운 표현이고, 노회찬의 '선진복지국가론'은 다소 진부하다.

이어 사회자가 구체적으로 말해 달라고 주문한다. 남경필과 노회찬은 평범하게 설명한다.

> **남 경 필** 구체제는 권력과 부의 집중이다. 이를 자유와 공유의 가치로 분배하기 위해 상대 당과 연정을 하여 합의를 이뤄내는 것이다.
>
> **노 회 찬** 현재 드러난 것이 대통령 신뢰와 리더십의 위기와 정경유착의 문제이다. 공정한 경쟁의 경제민주화가 우선이고, 선진복지국가가 목표이다.

남경필과 노회찬에 비해 안희정과 이동관의 설명은 비교적 주목을 끈다. 안희정은 잘 알려진 유명한 세계적 지도자들의 이름을 거론하여 권위에 의존하였고, 이동관은 잘 알려지지는 않았지만 주한 미대사관 직원으로 한국에 부임했던 그레고리 헨더슨의 책을 현학적으로 거론하기 때문이다.

권위에 의존

> **안 희 정** 견제받지 않는 권력에 견제 장치를 만들어야 한다.

민주주의 분권의 원리다. 지방자치 분권 제도가 제왕적 대통령제를 극복하는 제도이다. 남북을 통합한 링컨, 남아공의 넬슨 만델라의 민주주의 리더십이 필요하다.

현학 이용

이 동 관 세월호 사건으로 국가 개조가 화두였는데, 지금까지 안 됐다. 구호 정치와 진영의 논리를 뛰어넘는 공동체 시스템 구축해야 하는데, 인재 충원 시스템을 바꿔야 한다. 즉 그레고리 헨더슨이 말한 '소용돌이의 정치'를 극복하기 위해선 개헌 등 국회의원 선거 제도를 바꿔야 한다.

선거 제도 개정 이야기가 나오니까 남경필이 덧붙인다. 그리고 의제는 선거 제도 개정 및 개헌 이야기로 전환된다.

남 경 필 시간상 개헌하기는 어렵다. 후보들이 구체적으로 개헌 약속하고 대통령이 되는 선거가 되어야 한다. 선거법 개정부터 연정 등, 승자 독식이 아닌 연정과 협치를 해야 한다.

비유하기

안희정은 한 발언 기회에 두 가지 비유를 든다. 평범한 비유지만 주목을 끌고, 딱딱한 정치 토론 분위기에 다소 숨통을 터주는 여유를 준다.

안 희 정   제도 탓만 해서는 안 된다. 명필이 붓을 탓하지 않는 것처럼. 제가 도지사 할 때 새누리당 도의원이 절대적으로 많았으나 저는 잘해 왔다. 민주주의는 지도자의 대화 능력만큼 발전한다. 국민의 눈높이에 맞춰 상식적인 정치를 해야 하는 정치인들의 자기 혁신, 필요하다. 어렸을 때 공부하기 싫어 자습서 자주 바꾸는 것과 똑같다.

사례와 구체적 수치 제시

노회찬은 선거 제도 개정에 찬성하면서 구체적인 사례 및 수치를 제시한다. 이는 패널들과 시청자들을 설득하는 데 효과가 있다.

노 회 찬   선거 제도의 개편이 더 중요하다. 정의당의 예를 들어 죄송하지만, 지난 총선에서 7.4% 득표, 국고보조금도 6.8% 받는데 의석은 2%이다. 승자 독식의 현

선거 제도 때문이다. 합리적으로 민의가 대변되는
선거가 되어야 하지 않겠는가? 개헌과 동시에 논의
되어야 한다.

과거 청와대에 근무했던 이동관도 구체적 숫자를 언급하여
설득력을 높인다.

이 동 관　4·19 직후 의원내각제 개헌했지만, 금세 파탄나고
　　　　　헌정 중단이 되었다. 예를 들자면 해양경찰을 해체
　　　　　하니 불법 어획이 발생하였다. 온탕과 냉탕을 오가
　　　　　는 '바보 샤워'를 하지 말아야 한다. 분위기 휩쓸리
　　　　　지 않고 숙려해야 한다. 소통과 협치가 필요하다. 첫
　　　　　째 제도, 둘째는 문화와 가치다. 사실상 국정의 80
　　　　　퍼센트는 다 똑같은 일 하는 거다. 그런데 제가 있
　　　　　었을 때 청와대 직원 480여 명도 한두 달 안에 다 바
　　　　　뀌었다.

남 경 필　청와대 없애면 됩니다.

이 동 관　직접 대통령이 되셔서 없애 보세요.

농담

이동관은 일부러 웃기려고 한 농담은 아니고 진담인데도

좌중의 웃음을 자아낸다.

이 동 관 선거 제도 개편에 관한 노대표 말씀에 동의하는데,
저의 정책 노선이 정의당과 비슷해지는 것 같아 멈
칫했다. (일동 웃음)

실수 지적

안희정은 이동관의 발언 내용을 메모하여 기억해 두었다가
적당한 타이밍을 잡고 이동관 발언의 실수 내지 오해의 소지를
지적한다. 안희정은 사실 관계의 정확성을 꼼꼼하게 가리는 자
신의 날카롭고 세심한 성격을 부각시키면서 시청자를 배려하는
마음이라고 말한다.

안 희 정 아까 (이동관이) 말씀하던 내용 중 헌정 중단은 쿠데
타 때문인데, 마치 장면 내각이 헌정 중단을 야기시
킨 것처럼 이야기하면 시청자들에게 혼란을 줄까봐
말씀드린다.

사회자가 우리 정치가 보수와 진보의 이념 갈등 속에 있다
고 의제를 전환한다.

현학 이용

안희정과 이동관이 각각 책과 사자성어를 거론하는 현학을 이용하여 자신의 소견을 펼치는 점이 눈에 띈다.

남 경 필   보수 · 진보로 너무 갈라지기. 일자리, 주거, 노후 문제, 자주 국방에 보수 · 진보가 따로 없다. 선거 후에라도 협력해야 한다.

안 희 정   우리 나라엔 정당 정치가 없었다. 정당 이념이 없고, 지역 · 대장밖에 없다. 저도 민주당 후보로 도전할 것이다. 신영복 선생님이 모든 색은 흑과 백에 다 포섭된다고 말했다. 나와 다른 견해를 가진 사람을 원수로 취급하는 게 문제. 서로 다른 견해를 가진 사람과 대화하는 것이 민주주의다.

노 회 찬   북한 프레임 아래 그동안 수구 세력이 보수를 참칭해 온 것이다. 청와대 블랙리스트, 세월호 수습 등, 이것들이 보수 · 진보와 무슨 상관이 있나. 건강한 보수 · 진보가 필요하고, 서로 보완해 나가야 한다.

이 동 관   교수들이 뽑은 사자성어가 있다. 당동벌이(黨同伐異)인데, 옳고 그름은 따지지 않고 우리 편이 말하면 다 옳고 상대가 말하면 다 틀렸다는 뜻이다. 한마디로 진영 논리다. 제대로 된 보수 · 진보가 없었다.

제대로 된 정당은 정의당밖에 없다. 정당이 아니라 붕당이다. 지역 · 진영 · 세력으로 정당이 생겼는데, 이제 이를 청산하는 대선이 되어야 한다.

사회자가 반기문 등 제3지대 연합론에 대해 어떻게 생각하느냐고 패널들에게 묻는다.

이 동 관   정권잡기 위한 대통령되기로서 제3지대 연합은 의미가 없다. 개헌, 국가 운영 시스템, 복지, 남북 관계, 쉐도우 캐비닛 제시 등이 전제가 된다면 제3지대는 의미가 있다.

이의 제기
이때 돌연 안희정이 토론장 배경 사진에 대해 항의를 한다. 역시 꼼꼼하고 날카로운 그의 성격을 보여주는 단면이다. 사회자는 즉각 사과한다.

안 희 정   경선 시작되지 않은 상태에서 토론장 배경 인물 사진들은 공정치 못하다. 안철수랑 저는 똑같은 지지율인데, 제 사진은 왜 빠졌습니까? (일동 웃음)

사 회 자   타당, 일리가 있다, 고치겠다.

사회자는 황급히 사태를 수습하고, 토론을 진행한다. 이어지는 제3지대론 토론에서는 이동관만 호의적이고, 나머지 패널들은 모두 반대 입장을 표명한다.

반대 논거

안 희 정　큰 흐름으로 보면 김대중 · 노무현의 정신이 있는 정당이 있고, 이명박 · 박근혜 대통령을 배출한 정당의 역사가 있다. 새로운 지도자들이 각자 보수 · 진보의 새로운 가치를 가지고 한 단계 업그레이드시키는 노력이 필요하다. 제3지대 논의하는 정치 선배들이 저희 후배들에게 맡겨 달라. 대선 때마다 선배들이 정당을 너무 휘저어 놓는다. 박지원은 그렇게 민주당을 깰 일인가? 손학규도 제3지대론을 말하는데, 대선 임박하여 권력 게임하기 위해 권력을 만드는 일에 불과하다. 조금 있으면 그 당 없어진다. 그거 한두 번 보지 않았나? '떴다방' 식으로 배신의 정치다. 저는 제3지대론에 반대한다. 남경필과 저처럼 젊은 사람들한테 길 좀 터주십시오. (일동 웃음)

노 회 찬　정치가 대선을 위한 1회용 정당이 돼선 안 된다. 정체성 불명의 사람들이 모이는 제3지대론은 문제가 있다.

이 동 관   제대로 된 중도 가치는 의미가 있다. 과거에 DJP
연합이 가장 퇴행적 연합이었다. 2012년 대선에도
민주당이 갑작스런 통합으로 대선 후보를 만들었
다. 제3지대란 말이나 프레임은 잘못되었지만, 중
도 보수를 만드는 새로운 질서 과정이다.

남 경 필   늘 반복되는 일이다. 항상 그 중심에 사람이 있고,
그 밑에 지역이 있었다. 이런 선거는 그만하자. 선거
가 끝나도 상대방의 좋은 정책을 가져와 연정하자.

이윽고 사회자가 문재인 대세론을 어떻게 보느냐고 의제를
바꿔 패널들에게 물어본다. 패널들은 자신과 정당의 입장에서
문재인 대세론에 회의적으로 답변한다.

안희정은 젊은 도전자들이 나온다면서 다소 추상적으로 말
하고, 노회찬은 정의당 후보가 나오면 그때부터 출발이다. 이동
관은 과거에 박근혜 대세론은 독이라는 말을 했는데, 지금도 이
런 말을 하고 싶다고, 그리고 앞으로 많은 경우의 수가 나올 수
있다고 말한다. 남경필은 낡은 것을 새로운 것으로 바꾸라는 것
이 촛불 민심이니, 새로운 리더십을 보여주는 지도자가 필요하
다고 말한다.

마무리 발언

사회자가 마무리 제언을 할 것을 각 패널들에게 주문한다. 패널들은 각자 지금까지 주장했던 자신의 발언 내용을 짧게 정리하는 것으로 마무리한다.

안 희 정   새로운 민주주의와 지도력으로 세대와 시대를 교체해서 새로운 대한민국의 미래를 만드는 데 저도 열심히 도전하겠다.

노 회 찬   새로운 30년을 준비하는 새로운 보수와 진보가 경쟁하는 출발점이 되도록 노력하자.

이 동 관   진영 논리, 기득권을 떠나서 새로운 질서를 만들자.

남 경 필   대선 과정에는 경쟁하고, 대선 후에도 국민 행복을 위해 여야 떠나서 힘을 합하는 원년이 되도록 하자.

총 평

격변의 대선 정국 속에서 보수·진보 진영의 대선 후보 주자들과 각 진영 패널들이 현 정치의 문제점들을 지적하고, 미래 정치의 모습을 그려 보는 토론이다. 대선 후보 주자들은 각자 비교적 자신의 관점과 비전을 충분히 보여주는 데 성공했다. 안희정은 자신들의 논지를 펼치기 위해 권위에 의존하고, 비유를 자주 들고, 예리한 지적들을 하였다. 자연스럽게 좌중의 웃음도 유발하였다. 이동관은 책·사자성어 등 현학에 의존하는 발언을 하며, 소통과 협치라는 키워드를 반복 사용하여 주지시키는 데 성공하였다. 노회찬은 당의 사례에서 구체적 수치를 제시하여 좌중과 시청자의 공감을 얻었다. 이날 토론에서는 딱히 충돌하는 이견들이 없어서 그런지 평소 노회찬의 특기인 독설이나 유머는 별로 나타나지 않았다. 남경필의 발언은 달리 눈에 띄는 토론 기술은 없지만, 연정의 필요성 주장만큼은 충분히 시청자들에게 전달하는 데 성공하였다.

김진 · 박형준 등의 〈100분 토론〉 '정권 교체' vs '정치 교체' 2017 대선, 민심은?

사회: 박용찬 mbc 시사제작국장
토론자: 김진 중앙일보 논설위원
　　　　박형준 전 국회 사무총장
　　　　전병헌 전 더불어민주당 국회의원
　　　　정연정 배제대 공공정책학과 교수
토론 주제: '정권 교체' vs '정치 교체' 2017 대선, 민심은?

　여기에서는 2017년 1월 17일에 방송된 주제 〈'정권 교체' vs '정치 교체' 2017 대선, 민심은?〉을 다룬다. 이날 토론의 목적은 탄핵 정국을 진단하고, 조기 대선 가능성이 커지고 있는 상황에서 정치적 행보를 하는 반기문 전 유엔 사무총장과, 대선 후보 선두주자인 문재인 전 더불어민주당 대표, 지지율에서 뒤처진 안철수 전 국민의당 공동대표 등에 대해 패널들의 각자 분석과 평가를 유권자인 시청자들에게 전달하기 위한 것으로 보인다.

패널 직함과 자리 배치

　방송에서 소개된 패널 직함과 자리 배치는 다음과 같다. 김진은 보수언론 중앙일보 논설위원으로서 보수 쪽 패널 자리에 앉아 있다. 박형준은 전 국회 사무총장으로서 보수 패널 옆에 나란히 앉았다. 전병헌은 더불어민주당 최고위원을 지낸 전 국회의원으로서 반대쪽 진보 패널 자리에 앉았다. 바로 그 옆에는 정연정 배재대 교수가 나란히 앉았다.

패널들의 실제적인 직함을 살펴볼 때, 네 명의 패널 모두가 각자 다른 이념적 · 정치적 스탠스(입장)를 갖고 있다. 구분의 편의를 위해 굳이 정당으로 기준을 삼는다면, 김진은 명시적이진 않지만 새누리당에서 갈라져 나온 바른정당에 가깝고, 박형준은 새누리당 이명박 인사들이 지지하는 반기문 쪽에 있고, 전병헌은 더불어민주당 소속이며, 정연정은 안철수 국민의당 쪽이다.

구체적으로 분석하자면, 박형준의 경우는 현재 동아대학교 교수이자 '새한국의 비전' 원장이란 직함이 있는데도 전 국회 사무총장으로 출연하였다. 박형준은 자신을 교수나 정치적 진영을 알 수 있는 새누리당 정의화 의원이 만든 '새한국의 비전' 원장으로 소개하지 않았다. 또한 보수언론 중앙일보 기자 출신이고, 전 한나라당 국회의원, 한나라당 대변인, 이명박 정권의 청와대 비서관으로도 소개하지 않았다. 정치적 진영을 언뜻 알기 어려운 전 국회 사무총장직일 뿐이다. 물론 이 국회 사무총장 직함도 알고 보면 국회 다수당인 새누리당의 몫으로 얻은 직함이었다. 박형준처럼 이명박 정권에 참여했던 인사들이 현재 반기문 전 유엔 사무총장 선거 캠프에 많이 포진되어 있다고 한다. 박형준의 직함이나 과거 전력은 박형준이 토론에서 반기문을 포함한 대선 후보들에 대해 어떤 시각으로 어떤 주장을 할지 이미 정치적 스탠스를 보여준다고 할 것이다. 그런데 방송에서는 이렇게 중요한 패널의 공식 직함들이 전혀 소개되지 않은 것이다.

그리고 정연정 교수는 안철수 대선 후보 캠프인 정책 네트워크 '내일'의 위원이었다. 그 전에는 노무현 대통령직 인수위원회 위원이자 대통령자문 정부혁신지방분권위원회 위원이었다. 안철수 전 대표의 국민의당이 야당이기 때문에 정연정 교수의 자리를 전 더불어민주당 국회의원 옆자리에 배치한 것으로 보인다. 그런데 방송에서는 정연정 교수의 이러한 직함이나 경력이 전혀 소개되지 않고, 단지 교수라는 직업만 소개되었다.

일반적으로 패널들의 직함 소개는 패널 자신이 선택하여 정한다. 방송사측에서는 패널들이 스스로 특정한 직함을 고집한다면 이를 막을 수는 없을 것이다. 하지만 공정하고 투명한 토론을 위해서 방송사는 패널들의 직함을 정확하게 밝혀 줄 의무가 있다. 이렇게 방송사가 밝히지 않은 패널들의 직함 때문에, 그리고 패널들의 자리 배치에 주의를 기울지 않았기 때문에 결과적으로 시청자들은 착오하여 패널들의 분명한 정치적 스탠스를 사전에 알지 못하게 되었다.

모두 발언

토론이 시작되자마자 사회자는 "반기문 전 총장이 어느 당으로 갈까?"라는 질문을 패널들에게 던진다.

박형준은 반기문이 '중도에서 제3지대 통합을 표명'한 입장이니까 바로 정당에 들어가기보다 밖에서 독자적인 행보를 계속할 것이고, 그러다가 다른 후보와의 연대를 통해서 그 당에 들어가지 않겠느냐고 전망한다.

전병헌은 먼저 박형준의 발언 취지가 반총장에 대한 자신의 바람을 말한 것으로 해석하면서 박형준의 관점을 공격한다. 전병헌에 의하면, 반기문이 구 여권 성향의 생각과 그 지지를 기반으로 한 후보일 수밖에 없다. 즉 새누리당 의원들이 많이 지지하고 있고, 특히 참모진에는 이명박 정부에 참여했던 분들이 대거 지지하고 있다는 것이다. 한마디로 '박근혜 정권의 연장이고, 이명박 정권의 재건'이라는 것이다.

김진은 반기문 전 유엔 사무총장의 분명하지 않은 입장 표명에 실망하는 보수 유권자들이 많다면서 반기문을 비판한다. 즉 보수 유권자들은 문재인 진보좌파 후보를 막을 일종의 메시아를 기대했는데, 반 전 총장이 화합과 통합의 정치적 중도 전략을 취한 것 같다는 비판이다. 실제로 반기문은 노무현의 리더십을 칭찬했고, 천안함 얘기는 하지도 않고 팽목항을 먼저 찾았다. 따라서 현재로선 반기문이 반 문재인 범여권 후보가 되기엔

난관이 많다는 것이 김진의 판단이다.

정연정도 반기문의 불투명한 정체성을 지적한다. 반기문이 어떤 세력과 함께 갈지 모르는데, 느슨한 반기문 연합 내지 준정당을 만들 수 있고, 원샷 경선 가능성도 있다고 전망한다.

이와 같은 모두 발언을 통해서 시청자와 토론 패널들은 패널들의 입장과 향후 전개될 견해를 미리 예상할 수 있는 기회를 얻는다. 토론자들도 서로 패널들의 성향을 파악하고 토론에 임하였을 것이므로 서로의 모두 발언에서 새로운 사실이나 별다른 놀라움을 발견하지는 못한다. 하지만 모두 발언은 향후 토론에서 쟁점이 될 만한 논거를 내포하고 있기 때문에 패널들은 상대방의 말에 주의를 기울인다.

예시 제시
박형준은 반기문의 정치 교체를 87년 체재 이후의 진영 정치 싸움을 극복하는 포용과 통합 정치로 본다. 박형준은 이를 정당화하는 논거로서 영국의 보수당의 예를 든다.

박 형 준   우리 나라 정치 피폐화의 원인이 지나친 정체성, 진영 논리다. 독재, 민주화 시대, 87 체제 내내 두 진영으로 갈라져서 싸웠고, 그 과정에서 가짜 보수, 가

짜 진보가 생겨 묻혀 갔다. 이번에 (최순실 사태로) 가
짜 보수가 드러났다. 전 세계 정치가 진보와 보수
를 넘나드는 소위 정체성의 유동성을 갖는 시대적
특성을 보여주고 있다. 양극화 해소에 보수당이 진
보 정책을 사용한다. 영국의 보수당이 복지 정책을
만들었다. 반기문의 정치 교체는 87년 체제의 이분
법 정치, 진영의 정치, 싸움의 정치를 극복해야겠다
는 의지를 보여준 것이고, 그것을 포용이나 통합 메
시지로 담으려고 하는 것이다.

전병헌은 과거 대선 때 박근혜의 구호, 유엔 사무총장 시절
의 반기문의 색채를 예로 들면서 반기문의 불분명한 정체성을
비판한다.

전 병 헌   정체성을 분명히 했으면 좋겠다. 제3지대나 빅텐트
는 2007년부터 반복해서 나온 낡은 천막에 불과하
다. 2012년 대선에서도 박근혜 대통령이 '정치 교
체' 용어를 사용했으나, 결국 박총장이 말한 것처럼
가짜 보수임이 드러났다. 따라서 '정치 교체'라는
말도 수식어에 불과하다. 반기문은 '진보적 보수주
의자'라고 말했으나 의문이 있다. 환경이나 동성애

분야에는 총장 시절 진보적 의지를 가졌으나, 나머지 분야에서는 진보적 색채를 찾아볼 수 없다. 반기문은 거의 망해 가고 있는 보수주의자들의 구원투수의 역할이 그 정체성이다. 그런데 많은 치장과 분장을 하려고 하다 보니까, 김진 위원 같은 분들한테도 비판을 받게 되는 우를 범했다. 반이 자기의 입장과 노선을 분명히 하는 것이 맞고, 그것이 정직한 태도다.

유머

사회자가 "김진 위원부터 짧게 말하시죠"라고 말하자, 김진이 "짧게 하라니?"라며 토론 사회자와 패널 전체를 웃기는 유머 감각을 보여준다.

논점 과장

김진은 박형준의 발언의 취지를 과장해서 '매도'라고 공격하였지만, 박형준은 즉시 끼어들기를 하면서 반박한다.

김 진 박근혜 대통령이 잘못하고 추락을 했지만, 그렇다고 해서 전체적인 보수 가치가 몰락한 것처럼 이렇게 매도하는 것에 저는 동의할 수 없습니다.

박 형 준   (끼어들며) 그렇게 매도하지 않았습니다. 보수도 진
          짜 보수, 가짜 보수를 가를 필요는 있다는 것이죠.

박형준은 적절한 타이밍에 개입을 했고, 짧은 변론으로 효
과적인 반박을 한 것이다.

보수 개념 정의내리기

김진은 상대방의 주장을 잘 듣고, 상대방의 개념과 논거를
이용하여 다시 개념 정리를 하면서 반격한다. 김진은 박형준이
실수로 말한 듯한 박정희 정권과 반공 보수로 정의한 보수의 뿌
리에 대해 반박하며, 보수의 본질적 가치를 설명한다. 한편으
론 김진은 이명박 정권의 청와대 핵심 브레인으로 주도적으로
참여했던 박형준의 보수 개념을 우회적으로 비판하는 것이기도
하다.

김 진   박근혜 대통령은 실패한 가짜 보수란 말씀이죠?
박 형 준   우리 보수 가운데 그 뿌리가 반공 보수에 기반을 두
          고 있기 때문에 개발 독재를 거쳐 오면서 보수가 가
          져야 할 자유주의 · 민주주의 · 공화주의 가치를 온
          전하게 실현하지 못한 보수들이 많다. 그런 보수가
          전체주의적인 성격을 갖고 있는 형태로 나타난 것

이 공화주의를 배신한 박정희 정권(이고) 국정 농단 사태이다.

김 진　이번에 박근혜의 실패가 무슨 박정희 정권까지 연결됩니까? 그리고 반공 보수가 뭐가 잘못된 것입니까? 그런 식으로 보수의 뿌리와 원조의 가치를….

박 형 준　뿌리가 그렇다는 것….

김 진　보수의 뿌리에 대한 잘못된 평가가 이명박 정권의 초반의 실패와 방황을 그대로 초래했던 것이다.

이어 김진은 마치 기다린 듯이 기회를 잡아 보수 가치의 개념에 대해 이념적 카테고리를 구분하여 설명을 하는데, 이 설명은 준비된 내용으로 보인다.

김 진　간단히 얘기하자면, 이념 1과 이념 2가 있다. 이념 1은 예를 들어 북한을 어떻게 다루냐의 국가 안보 문제, 현대사를 어떻게 보느냐의 국가 정체성 문제이다. 이념 2는 노동, 복지, 세금, 동성애, 총기, 낙태 등 사회적 이슈 문제이다. 이념 2에서는 토니 블레어 같은 제3의 기류라든가, 보수와 진보의 가운데서 해법을 찾으려고 하는 중요한 노력들이 대단히 가치가 있는 것이다. 그래서 박근혜 대통령이 경제민주화를 강조해서 결국 대통령 선거에서 승리했던 것 아닙니까. 이념 2의 영역에서는 충분히 유연성을 갖되, 한국처럼 북한하고 대치하고 있는 나라에서는 이념 1의 영역인 국가 안보, 김정은 독재, 한미 동맹, 국가 정체성, 현대사, 역사 교과서에서는 조금도 양보해서는 안 되는 거예요.

박형준은 김진의 보수 가치 설명에 대해 한 가지 지점을 반박한다. 그러면서 제3지대의 중도주의 가치를 설명하면서 반기문을 옹호하지만, 정작 그 중도적 가치 내용은 불분명하다.

박 형 준 블랙리스트 작성, 국정 교과서 문제도 보수 가치가 아니다. 국민들의 이념을 하나의 가치로 전부 가르치려고 하는 것이 어떻게 자유주의 가치하고 양립할 수 있는가. 그런 문제를 이번 기회를 통해서 보수가 자기 혁신을 해야 한다. 공화주의는 권력의 임의적 사용을 방지하는 것이다. 이번 사건을 보아 보수의 자기 반성이 필요하다.

제가 얘기하는 중도나 제3의 지대 얘기는 87년 체제의 적대의 정치, 분노의 정치, 진영의 정치를 끊고 국민 통합을 얘기하는 것이다. 그런데 자꾸 대권 전략의 입장에서 반기문 총장이 중도의 가치를 이야기하는 것 자체를, 너 왜 보수인데 자꾸 중도 코스프레하려고 그러느냐로 받아들이지 마라. 문제인 후보가 선두주자로서 포용력을 발휘하고 융합의 가치를 받아들인다면, 문재인 후보한테도 좋을 것 같다.

정연정은 선거가 다가올수록 대선 후보들의 이념적 정체성이 그 선명성을 잃어가고 있다고 비판하며, 이를 검증해야 한다고 주장한다. 그러면서 그는 전략적으로 보수가 변화해야 한다고 주장한다.

정 연 정 정체성이란 선명성의 문제다. 어떤 사안 해결에 대한, 본인이 갖고 있는 선명한 생각이다. 문재인 전 대표는 사드 문제 등에서 상당히 선명했다. 그런데 선거가 다가올수록 후보들이 그 선명성을 자꾸 잃어버리는 현실이다. 이른바 후보들이 공학적 판단을 하기 때문이다. 이념 · 정책에 대한 그 생각들이 검증될 시점들이 도래할 것이다. (잠깐 박근혜 · 박정희를 혼돈하는 듯한 박형준의 실언을 지적함.)

한편, 변화하지 않는 보수가 문제다. 박근혜 정권의

보수는 변화 · 진화하지 않았기 때문에 문제다. 블랙리스트 문제는 70년대에 있을 법한 억압적인 통치 전략, 보수의 잘못된 전략들이 2010년대 와서 똑같이 적용되었기 때문에 문제가 나타난 것이다. 반기문은 변화하는 보수의 내용을 보여줘야 한다.

전병헌은 이명박 · 박근혜가 이념 진영을 교란시켜 정치 교체에 성공한 것을 비판하면서, 박근혜를 가짜 보수로 규정한다. 그리고 전병헌은 여론 조사를 이용하여 정권 교체를 정당화하고, 박근혜가 사용한 정치 교체를 불순한 의미로 해석하면서 반기문의 정치 구호를 우회적으로 비판한다.

전 병 헌 이명박 정권의 실패로 2012년 박근혜가 정치 교체를, 일부 진보와 일부 중도 진영을 교란시킨 결과로 집권을 했다. 결국 박근혜는 최순실 국정 농단으로 120% 실패하여 탄핵에 직면하여 가짜 보수가 된 것이다.
중앙일보 여론 조사를 보면, 국민 여론 63%가 진보적 성격의 정부를 지금 원하고 있고, 보수 성격의 정부는 23%에 불과하다. 이는 보수냐 진보냐를 떠나서 여야 정권 교체를 확실하게 요구하고 있는 시대를 의미한다. 여야 정권 교체에 대한 두려움 때문에 2012년도 박근혜 후보가 꺼냈던 '정치 교체'라는 말로 '정권 교체'를 교란시키고 착시 현상을 일으키려고 하는 것이 아니냐, 이렇게 보여진다.

발언 연장

사회자가 제지하려고 하자, 김진은 "제 얘기, 마저 정리할게요"라고 말하면서 자신의 발언을 마무리하는 데 성공한다. 이런 말솜씨는 발언권을 이용하여 자신의 발언 시간을 충분히 확보 내지 연장시키는 표현 기술이다.

팩트 체크

박형준은 발언권이 주어지자 이전에 김진이 말했던 내용을 메모한 것을 상기하면서 팩트 확인을 해야 한다고 주장한다. 적절한 지적이다.

박 형 준   팩트 체크는 해야 된다. 김진 위원이 이명박 정부가 중도실용주의 때문에 망했다고 하는데, 전혀 사실이 아니다. 오히려 10% 지지율이 떨어졌던 것이, 이명박 정부가 중도실용주의를 하면서 지지율이 50%까지 올라갔다.

박형준의 사실 검증 설명을 유발했던 김진의 이전 주장은 다음과 같다. 김진은 박형준의 지적에 대해 더 반박하지 못한다.

김 진 이명박 정권은 이념 1에서 국가 안보와 북한을 엄중하게 다루라고 뽑아 줬더니 광우병 때 무슨 미신, 그런 집회에 밀려 가지고 중도적 실용주의를 주장했다. 그 때문에 이명박 지지 기반이 확 날아가 버린 것 아닙니까?

발언권 경쟁

패널들은 발언권 순서에 민감하고, 경쟁을 할 수밖에 없다. 정연정이 발언을 하려고 하자, 김진이 발언권 순서를 얘기하며 이의 제기를 한다. 사회자는 김진이 사회까지 본다고 농담을 하자, 일동 웃는다. 이후에도 전 패널들이 사회자에게 손을 들며 발언권을 얻으려고 적극적인 경쟁을 하는 장면을 자주 보게 된다. 발언권 순서 문제로 패널 · 사회자 간에 논란이 생기기도 한다. 대개 사회자가 패널들의 발언 순서를 정한다. 그럼에도 불구하고 패널들의 발언이 엉키거나 특정 패널이 계속 말을 하면서 사회자의 제지에 따르지 않자, 사회자는 패널에게 혼자서 얘기하는 장소가 아니라고 주의를 주기도 한다. 사회자가 패널에게 면박을 주는 흔치 않은 장면이 나올 정도로 이 토론에서 발언권을 획득하기 위한 경쟁은 치열하다.

이제 의제는 문재인 대세론, 계속될 것인가로 넘어간다. 사회자는 각 패널들에게 문재인 지지율 1위를 어떻게 분석하는지 질문한다.

논증
먼저 발언권을 얻은 김진은 천안함 북침과 사드 배치에 대해 문재인의 주장이 바뀌는 것에 대해 강하게 비판하며, 분명한 리더십이 없는 문재인은 대선에서 이길 수 없다고 논증한다.

김 진 국민은 국가 안보, 북한 핵문제, 외교에 관해서는 결기 있는 지도자, 리더십을 원하는데 문재인 대표는 국가 안보, 법과 질서에 대해서 왔다갔다 한다. 이것도 아니고 저것도 아니고, 말 바꾸고 말이죠. 지난 선거 때 문재인이 왜 졌나? 가장 중요한 원인 중 하나가 북한의 천안함 북침을 부정했던 것이다. 첫번째, 그때(지난 대선)는 강하게 부정하고, 이제 대통령 선거가 가까이 오니까 북한의 천안함 폭침에 관한 사실이 새로 드러난 것도 없는데 이제는 슬그머니 인정한다고 그래요. 바꿨어요. 두번째는, 사드 배치에 관해서. 진보좌파의 대표주자라면 끝까지 소신 있게 사드 배치를 반대하세요. 내가 집권하면 사드 배치 철회하겠다고요. 문재인은 엉뚱하게 다음 정권에 맡기고 공론화시켜서 국회의 비준이 필요하다고 헌법에도 없는 것을 주장하고, 그때 가서 미국과 중국을 설득한다고 해요.

사례 제시

김진은 문재인이 사드 배치건과 관련하여 헌법에도 없는 국회 동의를 얻겠다는 점을 강하게 비판하면서 구체적으로 비교의 예를 든다. 즉 문재인이 청와대 비서실장 할 때, 노무현 대통령의 굴욕적인 남북정상회담건이 국회 동의를 받았는지, 국민에게 물어봤는지 반문한다. 그리고 김진은 사드는 북한의 핵위협으로부터 유사시 미군 전력 증강으로 미군과 남한의 주민들을 보호하자는 방어용 미사일이라고 설명하면서, 사드 배치를 찬성한 진보좌파 안희정 충남지사가 100% 맞다고 평가한다. 그리고 김진은 사드 배치건의 공론화 위험성을 설명하면서, 예를 들어 공론화에 부치면 국민들이 광화문에 사드 찬성 집회, 사드 반대 집회에 나서고, 주한미군 대사관에 '노우 사드'라고 레이저빔을 쏘고 외국 공관 위협하는 일이 마구 생길 것이라고 주장한다. 이상과 같은 점들에 관해서 문재인이 분명한 리더십을 보여주지 않으면 문재인 대세론은 안 된다는 것이 김진의 주장이다.

이렇게 김진이 자기 주장을 하면서 구체적인 사례들을 중간에 제시하는 것은 흥미를 자아내며 설득력을 높일 수 있다.

분석과 평가

토론의 기술을 부리지 않고 현상을 차분하게 분석하고 평가하는 일은 토론에서 최상의 설득 방법이다. 정연정은 비교적 차분하게 문재인 현상을 분석한다. 그는 문재인이 호조건 속에서도 국가 대개조의 능력을 보여주지 못해서 리더십에 문제가 있다고 본다. 따라서 정권 교체라는 낡은 구호만으로는 확장력은커녕 문재인 대세론이 약화될 것으로 그는 평가한다.

> **정 연 정** 문재인이 유리하다. 박근혜 정권의 몰락으로, 반사이익으로 제1야당에 유리하다. 다만 문재인 후보 개인기를 통해서 대세론을 굳혀 가는 데 있어서 충분하게 준비를 안했다. 국민은 진보 정권을 바라는 것이 아니라, 누군가 국가 대개조를 해주면 좋겠다, 시스템을 확 바꿔 주면 좋겠다는 열망을 가진 것이다. 그걸 진보라고 읽은 것 같다.
>
> 이같은 좋은 조건에서 문대표가 지금까지 무얼 해왔으며, 무엇을 할 것인가에 대해서 얼마만큼 준비

된 후보인가 지금쯤 보여주었어야 된다. 그런데 청
와대를 옮긴다는 것은 아주 지엽적인 정책이다. 정
권 교체만큼 낡은 프레임이 어디 있나? 권력만 서
로 주고받기하면 되는가? 권력 이동뿐만 아니라 이
를 통해서 최소한 뭔가 바꾸는, 개조적 능력을 보여
주는 리더십을 보여줘야 하는데, 문재인은 아직까
지 그 확장력을 보여주지 못한 것 같다. 사드 문제
에 대해선 왔다갔다 하고 특별하게 나온 것이 없다.
그런 관점에서 지지율이 빠지고, 대세론은 시간이
갈수록 약화될 수밖에 없다.

박형준은 문재인 캠프의 반기문 비방이 오히려 반기문 지
지율을 높여주고 있다고 본다. 나아가 박형준은 문재인의 정책
적 불안정성이 문재인의 약점이라고 지적한다.

박 형 준　문재인 대세론은 있다. 그런데 반기문 지지율을 문
재인 캠프에서 키워 줬다. 인신 공격성 비방을 통해
상대 후보들을 가라앉히려고 하는 것이 역효과를
가져올 수 있다는 것이 문제가 된다. 또 하나 확장
성의 문제가 되는 것은 호남 민심을 얻기 위해 문
재인 후보가 특별한 전략이 필요하다. 마지막으로

정책이 불안정한 것은 대세론을 가진 후보로서 약점이 될 수 있다. 예를 들어 군복무 기간을 12개월로 줄이겠다. 현실을 감안할 때 도저히 믿기지 않는 공약이다. (…) 이런 정책의 불안정성·불확실성이 대세론을 갉아먹고 있다.

김진은 국가 안보와 법 질서의 가치가 흔들리는 문재인의 대세론을 경계한다.

김 진 국가 안보, 법과 질서에서 흔들리고 믿음 없는 지도자는 절대로 대세론을 형성할 수 없어요. 한명숙 총리 불법자금 대법원 유죄 판결받을 때, 문재인 대표 시절에 대법원도 정치화되고 있다. 그런 논리라면 문재인이 대통령 되면 제일 먼저 한명숙 총리 사면할 겁니까, 안할 겁니까, 그것부터 답변하시라고요.

팩트의 반론과 해석의 재반론

전병헌이 정연정의 말이 팩트에 기초하지 않았다고 비판하자, 정연정은 상대방의 말을 자르고 끼어들며 자신의 말은 해석이란 취지로 재반론을 한다. 반론과 끼어들기식 재반론 모두 적절한 타이밍에 이루어진 것이다.

전 병 헌   여기 지식인들조차도 자기가 보고 싶은 것만 보고
          있구나, 라는 생각을 하게 된다. 정교수님이 문재인
          후보의 청와대 이전이 본질이 아니라고 말씀하셨는
          데, 이미 문재인 후보는 권력 개혁 비전을 발표했다.
          국정원 개혁, 검찰 개혁, 언론 개혁, 재벌 개혁, 이런
          문제들을 시리즈로 잘 발표하고 있는데, 그런 것들
          을 잘 살펴보시면서 말씀을 하시는 게 좋을 것 같다.
          팩트에 기초해서 이야기를 해야지, 팩트가 아닌 걸
          가지고 그 전제하에 사실이 아닌 상태에서 비판이
          나 비난을 하는 건 사상누각의 논리에 불과하다.

정 연 정   (끼어들면서) 그건 팩트의 문제가 아니라 해석의 문
          제다.

대인 비판

거칠고 조악한 표현으로 상대방을 자극시키는 대인 비판은
역공격의 빌미가 되기도 한다.

정권 구축에 참여했던 인사들은 입 닫고 있어야 한다는 전
병헌의 주장에 대해 전체 패널들은 일제히 반발하고 나선다.

전 병 헌   김진 위원의 웅변을 들으면서 이런 생각을 해본다.
          아까 박근혜 정권이 몰락했다고 말씀하셨죠. 김진

위원께서도 박근혜 정권에 대해서 굉장히 많은 서포트를 했던 지식인이다. 이명박 정권은 실패했고, 박근혜 정권이 몰락했다. 이명박 정권과 박근혜 정권을 옹립 내지 구축하는 데 있어서 역할을 담당하신 분들은 조용히 입 닫고 있어야 한다고 생각합니다. 더 이상 여기서 무슨 말을 합니까? 이제 보수는 자중하고 자숙할 시기다. 다른 입장과 시각을 가진 사람들이 대개조의 노력을 하는 데 좀 협조하는 것이 옳다고 생각한다. 정치 교체라는 오묘한 수식어로 권력 교체를 폄하하고 교란시키는 것은 역사적으로 죄를 짓는 것이다.

(패널들이 서로 발언하려고 함.)

김 진   그러니까 저더러 발언하지 말라는 거예요? 뜻이 뭐예요?

사 회 자   서로 존중하시고요. (사회자가 발언자를 지명함.)

박 형 준   과거 정부에 일을 했다고 그 사람에게 입 다물어라고 말하는 그런 민주주의자, 자유주의자가 세상에 어디 있나? 그거야말로 폭력이죠. 그렇게 얘기하시면 안 된다. 그렇게 얘기하자면 노무현 정부는 성공했습니까? 노무현 정부가 실패했기 때문에 이명박 정부가 나온 거 아니에요. 김대중 정부가 마지막에 성공했습니까? 모두 지지율 10%대, 20%대로 끝났어요. 정권이 실패했고, 지난 여섯 번 대통령 선거를 치르는 동안 모든 후보들이 정권 교체를 내걸었어요. 정권 교체라는 구호는 너무 흘러간 레코드와 같다.

전병헌의 이같은 발언은 그 자신도 청와대에 근무했던 경력이 있어서 스스로 논리적 모순에 빠지기도 하였다.

팩트 확인, 되받아치기, 유머

정권 구축에 참여했던 인사들은 입 닫고 있어야 한다는 전병헌의 발언이 자기에게도 향한 말이라고 판단한 김진도 즉각 팩트 체크에 나서며 반박한다. 그러면서 똑같은 논거로 전병헌을 되받아치는 공격을 한다. 김진의 진지한 사실 관계 주장이 오히려 패널들의 웃음을 자아내기도 한다. 한 번의 반박에서 종합적인 기술을 발휘하는 김진의 반박 방법은 훌륭하다.

김 진   전병헌 위원이 제가 박근혜 대통령을 옹호했으니까, 박근혜 대통령이 몰락한 상황에서 발언할 자격이 없다 이런 논지로 말했다. 이것은 아까 전병헌이 강조했던 사실 관계가 완전히 틀린 것입니다.

나는 보수 언론인으로서 시시비비를 가리고, 박근혜 대통령에 대한 근거 없는 공격에 맞서 싸웠다. 제가 박근혜 정권 때 수석비서관을 했습니까? 장관을 했습니까? 공천을 받아서 비례대표 의원이라도 한번 했습니까? (일동 웃음) 두번째, 저는 30여 년 언론인 하면서 정치판을 한번도 기웃거린 적이 없다. 그런 대접은 대단히 섭섭한 대접이다. 세번째, 전병헌 위원은 김대중 정권 때 청와대에서 핵심 비서관인 국정상황실장 했죠. 그러면 김대중 정권 퇴임 이후 4억 5천만 달러 북한에 뒷돈 줘서 사법 처리당해서 국정원장하고 청와대 경제수석 줄줄이 감옥에 가고, 민간인 1천 명 불법 도청·사찰하고, 끔찍한 김정은 정권의 범죄에 대해서 김대중 정권의 핵심 비서관 출신인 전병헌 의원은 책임이 있어요, 없어요? 책임 있으면 이 자리에 나오지 말아야죠. 똑같은 논리이면. 제 차례가 돌아온 소중한 발언 시간을 이런 데 옹호하게 만든 전병헌 의원이 원망스럽다. (일동 웃음)

재반론

정연정과 전병헌은 이전 패널들의 답변을 기억하고 있다가 이에 대해 각각 재반론을 한다. 정연정은 자신의 발언이 팩트 차원이 아닌 문재인의 종합적인 비전 부족에 대한 해석이란 취지로 재반론을 펼친다.

정 연 정 전병헌이 저에게 팩트 문제를 지적했는데, 그것은 팩트 문제는 아닌 것 같다. 대개조에 대한 문재인의 종합적 비전이라고 할까요. 이런 것들에 대한 기대가 존재한다는 것이고요. 검찰 등 파편적인 기구 개혁보다는 권력의 사유화 문제는 박근혜·최순실 게이트이다. 그런데 문재인 전 대표의 모순은 개헌 문제, 즉 제왕적 대통령제 문제에 대해선 굉장히 소극적이란 것이다. 단지 5년 대통령 하겠다고 하니 의구심이 드는 모순적 포인트이다. 한편 제가 문재인을 옹호하려는 것이 아니라, 문재인이 안보에 대해서 소극적이라고 매도하는 것은 바람직하지 않다. 대북 리스크를 줄여 가는 방법론의 차이가 있는 것이다.

전병헌은 여전히 사실 관계에 대한 정연정의 인식 격차를 지적하면서 정연정의 반론에 재반론을 한다.

전 병 헌   문재인은 개헌이 국민적 합의를 통해 해야 하는 중
           차대한 사안이어서 대선 전 개헌은 현실적으로 어
           렵다는 입장이다. 사람들은 정치적 입장에 따라 문
           재인이 개헌에 대해 소극적이라고 낙인을 찍고, 개
           헌에 뜻이 없는 것처럼 얘기를 하기도 한다. 문재인
           은 2018년 지방 선거 때 합의된 개헌안을 같이 처
           리하자고 로드맵을 제시했다. 정교수님 말씀하고는
           조금 격차가 있다. 그리고 안보 문제도 색깔론을 덧
           붙여서 공격하는 것은 이제 종지부를 찍어야 한다.

맞받아치기

상대방의 논거를 이용하여 맞받아치는 반론 방법이다. 사
드 배치 문제를 다음 정권에서 공론화하겠다는 문재인의 발언
과 관련하여, 전병헌은 박근혜 정부가 공론화 과정 없이 사드
배치 결정한 것을 비판한다. 그러자 박형준은 사드 배치에 대한
문재인의 분명한 입장을 요구하며, 더 나아가 문재인의 인적 청
산론을 비판하는 것으로 맞받아친다.

박 형 준   한·미 간 국가 합의로 이미 배치가 결정된 것이다.
           그리고 중국 반발로 인해 많은 비용을 치렀다. 그렇
           다면 문재인이 이 결과에 대해서 분명한 입장을 취

해 주는 것이 문재인 후보 입장에서도, 확장성을 갖기 위해서도 좋은 일이다. 한편 문재인이 국가 대개조, 청산을 하겠다고 하는데(이때 패널들이 '청소'라고 정정해 줌), 누가 누굴 청소합니까? 현대사에서 손가락질하기 시작하면 얼룩 안 묻은 사람들이 없다. 과거에 흠결 있는 사람들까지도 끌고 가겠다는 것이 정치적인 통합을 통해서 미래로 가고자 하는 국가 지도자의 자세이다. 대청소를 하겠다는 것은 대단히 위험하다.

끼어들기와 개념 재정의, 발언권

전병헌은 박형준의 말을 자르며 끼어들어 짧게 반론한다. 즉 문재인의 발언은 적폐를 청산하자는 취지이지, 인적 청산을 하자는 얘기는 아니라는 것이다. 전병헌은 적폐 청산의 개념이 인적 청산의 의미와는 다른 개념임을 재정의한 것이다. (순간 여러 패널들이 서로 발언을 하면서 발언들이 엉키기 시작함.)

박형준은 재빠르게 발언을 이어 가고자 발언권을 얻는 적절한 말을 하여 계속 말을 이어 가는 데 성공한다.

박 형 준   상대방이 말을 끊었으니깐 30초만 더…. (사회자 허락을 얻음.) 제가 마무리를 해야 되니깐.

비유

박형준은 자신의 발언을 마무리하면서 하나의 비유를 든다. 하지만 다른 패널의 즉각적인 우스갯소리로 그 비유 효과는 반감되고 만다.

> **박 형 준** 청소도, 적폐 청산도 좋은데, 그것을 대통령 권력을 갖고 하겠다는 것은 잘되지도 않을 뿐 아니라, 황야의 무법자에서 총을 막 쐈는데 먼지만 막 일어나지 안 죽어요. (패널: 잘 죽던데, 하하하.) 그런 방식으로 하는 것보다 사회적 합의를 통해서 하는 것이 중요하다.

바야흐로 토론 의제가 '안철수, 제3지대 중심축 가능할 것인가?'로 넘어간다. 사회자는 안철수 전 대표가 어떻게 해야 될지 김진의 어드바이스를 구한다.

유머

> **김 진** 어드바이스하고 싶은 생각은 없지만, 사회자가 말씀을 하시니까 거기에 따라야죠. (일동 웃음)

선명한 논지

안철수에게 어드바이스를 주라는 사회자의 요청에 김진은 선뜻 내키지는 않는다고 하면서도 그의 어드바이스에는 보수주의적 논지가 뚜렷하다. 김진은 안철수가 새정치 기대의 빚을 지고 있어 이를 갚아야 한다고 주장한다. 그는 안철수가 그 빚을 갚는 방법은 국민의당 내의 진보좌파와 결별하고 보수측과 연대하는 것이라고 주장한다. 김진의 선명한 보수주의적 관점과 논지는 청중의 이해와 설득을 구하는 데 유리하다.

김 진   저는 안철수 의원이 국민에게 빚을 지고 있다고 생각한다. 따라서 이번 대통령 선거 과정에서 그 빚을 갚아야 한다. 안철수 의원에 대해 가장 비판적인 사람들의 생각은 뭐냐 하면, 안철수 본인이 이 사회에 새정치라고 하는 중요한 개념을 탕진해 버렸어요. 2012년 이명박 정부의 엄청난 부패로 인한 혼동과 방황 속에서 새로운 리더십, 새정치에 대한 갈망이 굉장히 컸다. 안철수는 새정치 깃발 들고 나타났으나 갈팡질팡, 오락가락해서 결국 주저앉았다. 지금은 전체적인 지지율뿐 아니라, 국민의당 내에서조차도 세가 위축돼서 안철수의 새정치는 지금 어디에 가 있는지 찾아보지 못한다. 그저 자신의 존재감을 나타내기 위한 대통령 경선, 출마에 머물러선 안 된다. 안철수는 새정치 실종에 대한 책임, 국민에 대한 채무가 있으니까 이번에 메시지를 분명하게 해야 한다. 국민의당이 쪼개질 수도 있다. 대통령 선거가 가까워 올수록 진보좌파 진영에서는 무조건적인 야권 후보 단일화 압력을 거세게 가할 것이다. 지금 38명 국민의당 의원 중에서 23명이 호남 의원들이다. 그 호남 의원들이 진보좌파 진영과 호남 유권자들의 압력을 견뎌낼 수 있을 것인가. 안철수는 보낼 사람은 보내고, 남은 사람들을 데리고 리더십과 연대 등으로 새정치의 빚을 갚아야 된다.

박형준의 중도보수주의적 관점과 논지도 비교적 뚜렷하여 메시지 전달력 측면에서 효과가 있다.

박 형 준   촛불 민심 과정에서 안철수 후보 지지율이 절반 이하로 떨어진 데에는 두 가지 요인이 있다. 첫째는, 사드 문제에 대한 국민의당과 안철수 후보의 태도이고, 두번째는 촛불 민심을 잘못 읽은 데 따른 착지 오류다. 발 딛고 있는 땅을 잘못 해석한 거예요. 안철수 후보의 지지 기반은 김진 위원도 말씀하셨지만 진보좌파가 아니에요. 거기도 일부 있지만 중

도나 중도보수 쪽의 민심들을 끌어안아야 확장성
이 있는 것이다. 촛불 민심 과정에서는 이것을 야당
내의 선명성 경쟁으로 안철수가 몰고 갔는데, 거기
서는 이재명 후보나 문재인 후보에 이길 수 없다. 거
기서 이미 중도 쪽이 고개를 돌렸다. 사드 문제에
관해서도 안보는 보수라고 본인이 계속 얘기를 했
는데, 그것을 뒤집는 과정에서 오류가 있었다. 안철
수 후보가 이것을 회복하는 것은 굉장히 어려운데,
지금이라도 자기 정체성을 분명하게 해야 된다. 극
단의 정치, 싸움의 정치를 극복하는 데 새정치 기수
로서 안철수 현상이라는 것이 나온 것이다. 그래서
안철수 현상에 빚을 지고 있다고 하지 않았는가. 그
빚을 갚는 행보를 해야 된다.

전병헌도 뚜렷한 진보주의적 관점과 논지로써 안철수에 대
한 바람을 말한다. 그는 안철수 개인의 정체성 등에 대해 직접
적 언급을 피하고, 그가 속한 당의 정체성과 정권 교체의 필요
성을 주장한다.

전 병 헌   문재인과 안철수가 이혼은 했지만, 그래도 남은 정
은 있지 않을까 생각한다. 김진 위원이 아까 국민의

당 지형을 정확히 지적하고 있다. 국민의당은 기본적으로 호남을 기반으로 하고 있다. 호남은 가장 선명한 야성을 가지고 있기 때문에 정권 교체를 지상 목표로 생각하고 있다고 판단된다. 그렇기 때문에 반기문 후보는 정권 교체의 성격이 아니고, 박근혜 정권의 연장이자 이명박 정권의 재기, 재건이다. 이렇게 해석하는 트렌드가 강하게 흘러가고 있다. 안철수 후보는 야당이기 때문에 야성을 분명히 하면서 같이 가다가 최종적으로 정권 교체를 위해서 함께 힘을 모으는 것이 국민의당이 기반으로 하고 있는 소위 자기 정체성이다. 그래서 국민의당이 나름대로 이번 정권 교체에서 역할을 하면서 연립적인 정권을 세우는 데 성공할 수 있는 것이 아닌가 생각한다.

논점 공략

정연정과 전병헌 사이에서는 여전히 논점에 대한 공수가 계속된다. 정연정은 이미 토론이 다른 의제로 넘어갔어도 이전의 논점을 끄집어내어 전병헌에 대해 집요한 반론 공격을 하고, 전병헌은 여전히 팩트 체크의 방법으로 재반박하는 수비 전략을 구사한다.

정연정은 사드 문제 관련하여 문재인의 외교 인식을 발견하지 못했다고 문제 제기를 한다. 정연정에 따르면, 사드 문제는 중국과 미국의 싸움인데 이에 대해 국가지도자는 외교적 전략과 전술 그리고 외교 능력, 감각을 보여줘야 한다는 것이다. 정연정은 뭔가 메시지가 나와야 한다고 주장한다. 예를 들어 중국과 미국을 향해서 우리를 중간에 놓고 희생양삼지 말라고 지도자가 지금 세게 외쳐야 할 때라는 것이다. 그런데 문재인은 이 문제를 무조건 다음 정권에게 넘기라고 한다는 것이다.

한편 전병헌은 정연정이 사실에 기반하지 않은 말을 한다고 반박한다. 전병헌은 시종일관 팩트 체크 방법을 전략적으로 사용한다. 전병헌에 의하면, 문재인은 얼마 전 중국을 향해 사드 문제가 정치군사적인 문제인데, 이 문제를 가지고 중국이 경제문화적인 제재를 취하는 것은 대국답지 못하다고 강력하게 이야기를 한 사실이 있다는 것이다. 따라서 정연정이 사실에 대해 전혀 알지 못하면서 그런 식의 얘기를 하면 일방적인 매도라고 할 수밖에 없다는 것이 전병헌의 논지이다. 전병헌의 이러한 사실 체크 전략은 정연정의 주장을 사실이 아닌 일방적 매도라고 반박하는 데 매우 효과적이다.

마무리 발언

사회자가 패널들에게 마지막으로 30초간 제안으로 마무리 발언을 하라고 한다.

패널들은 각자 지금까지 발언한 내용을 잘 요약하여 마무리 발언을 하고, 토론은 종료된다.

정 연 정　박근혜 탄핵 정국이 종료되었을 때 대한민국이 어떤 방식으로 가야 할지에 대한 걱정이 많다. 새로운 개혁과 리더십을 보여주지 않으면 또다시 촛불 민심의 도전을 받을 수 있다. 국가가 어떤 방향으로 바꿔야 하는지에 대한 진지한 고민과 대통령 선거가 함께 가야 된다. 선택의 기준이 되어야 한다.

김 진　보수에게 할 말은 박근혜 정권을 완전히 부숴서 재건축해야 된다. 남는 쓸모 있는 철골, 즉 한미동맹 강화, 대북 정책, 불법 파업과 폭력에 대한 단호한 대처, 역사 교과서 개정 노력, 통진당 해산. 이런 박근혜 대통령이 남긴 보수적 가치, 철골을 건져서 그 철골을 세워 놓고 집을 새로 지어야 한다. 박근혜 대통령이 밉다고 문재인 진보좌파 정권에게 가려는 사람들을 보수가 손을 잡아 끌어들여서 다시 모을 수 있는 집을 빨리 재건해야 한다. 북한과 대적하고 있는 대한민국 같은 분단 대치 국가에서는 국가 안보나 법과 질서, 원칙과 같이 중요한 가치가 없다. 이번 대통령 선거에서도 가장 중요하게 적용되어야 하는 가치다.

전 병 헌 　선거 때만 되면 일부 보수 세력들이 진보주의자들에 대해서 안보 색깔론을 들고 나온다. 이번만큼은 실패할 것이다. 선두주자 문재인 후보는 특전사 출신이다. 한미동맹을 최우선으로 한다. 그리고 역대 지난 정부 가운데 김대중 · 노무현 정부가 훨씬 나았다는 평가를 국민들이 하기 시작했다. 이번만큼은 진보형 정권이 나서서 국가를 재건시킬 수 있는 기회를 갖게 만드는 것이 대한민국에 좋은 기회가 될 것이다.

박 형 준 　이번 대선을 통해서 87년 체제를 계속 반복할 것이냐, 아니면 이를 뛰어넘는 계기를 만들 것이냐가 가장 중요한 초점이다. 6명의 대통령이 모두 성공하지 못했다. 그 이유는 개인의 문제도 있지만, 제도와 구조의 문제도 대단히 크다. 이런 것을 바꾸기 위해서 첫번째, 구조 개혁의 계기로써 개헌을 이번 대선을 통해서 확정에 가까운 수준으로 끌고 가는 것이 필요하다. 두번째, 사회적 합의를 광범하게 얻을 수 있는 개혁 공동체를 누가 구성할 수 있느냐에 초점이 있다.

총 평

전체적으로 토론은 긴장되면서도 뜨거웠다. 네 명의 패널 모두가 관점과 논지가 분명하여 토론의 내용을 이해하기가 명료한 토론이다. 그리고 모든 패널들은 분석에서 뛰어났으며, 팩트 체크 등 상대방 주장의 허점이나 약점을 치밀하게 공략하는 수준도 높았다. 반박과 재반박이 토론의 마지막 순간까지 이어지는 팽팽한 분위기의 토론이었다.

모든 패널들은 한 번이라도 더 발언권을 얻기 위한 치열한 경쟁을 하였다. 토론이 뜨거운 만큼 사회자도 적절하게 개입할 수밖에 없었다. 그러한 과정에서 사회자의 허락을 구하지 않고 정연정이 발언을 하여, 예의 사회자로부터 주의를 받는 민망한 장면까지 나왔다. 교수까지도 사회자의 지시에 따르지 않는 태도에 사회자가 조금 과도하게 반응한 점도 있다. 상대방이 말하는 도중 끼어들어 말을 끊고 짧게 반론을 하는 기술은 김진과 박형준이 능숙하였다. 이런 기술적 측면에서 정연정이 노련하지 못한 것은 토론 경험 부족 때문인 것으로 보인다.

김진은 팩트 확인, 되받아치기, 유머 등에서 비교적 뛰어난 자질을 보여주었다. 그래서 김진은 자연스럽게 발언 기회나 발언 시간을 갖게 되었다.

정연정은 학자답게 객관적 분석과 평가를 하려는 노력이 돋보였으나, 이를 사실 관계에 기반하지 않은 것으로 몰아치는 전병헌의 반박에 말려들어 재반박을 하는 데에 시간 소모를 많이 했다.

전병헌은 시종일관 더민주당의 관점에서 문재인 후보만을 옹호하고, 문재인을 비판하는 어떤 패널들의 공격도 잘 막아냈다. 그는 같은 진보 진영의 패널 자리에 나란히 함께 앉은 정연정에게 사사건건 팩트 체크 공격을 하여서 자리 배치를 잘못하였다는 말까지 나올 지경이었다. 전병헌은 너무 자신감에 넘쳐 실패한 정권에 참여한 인사들은 입 닫으라는 대인 비판을 하다가, 모든 패널들의 반발을 자초하기도 하였다. 또한 그 자신도 청와대에 근무했던 경력이 있어서 스스로 논리적 모순에 빠지기도 하였다.

박형준도 공격과 수비에서 적절하게 잘 대응을 하였지만, 다른 패널이 하지 않는 말실수를 자주 하였다. 박형준은 반공 보수를 얘기할 때에도 박근혜를 박정희로 잘못 말하는 것처럼 보여서 패널들의 지적과 반격의 빌미를 제공하였다. 또한 박형준은 문재인의 군복무 기간 단축을 비판할 때, 징병제를 모병제로 말하는 실수를 하였다. 또 나중에는 대청소를 대청산으로 잘못 말하는 등 연달아 잦은 실수를 하여 발언 내용의 정확성과 패널의 신뢰성에 적잖은 문제를 노출하였다.

부록 쇼펜하우어의 38가지 논쟁 기술

〈논쟁적 변증법: 이기는 법의 기술 Eristische Dialektik: Die Kunst, Recht zu behalten: 1981〉은 아르투어 쇼펜하우어(Arthur Schopenhauer: 1788~1860)의 미완성 유고이며, 사후에 발간되었다. 아래는 여러 편집본과 영어 번역본들을 참고하여 저자가 번역 · 요약한 다음 임의대로 제목을 붙인 것이다.

1 상대방의 주장을 확대해석하라.

상대방의 주장을 최대한 넓게 일반적으로 해석하여 과장하라. 왜냐하면 주장 내용이 넓고 일반적일수록 더 많은 공격에 노출되기 때문이다. 반면에 당신의 주장은 가능한 한 축소하여 제한적 의미로 주장하라. 방어는 당신의 주장과 쟁점을 정확하게 하는 일이다.

예를 들어 상대방이 나의 주장을 넓게 해석하여 반박하였으나, 나는 상대방의 공격을 이렇게 막아냈다.

쇼펜하우어 1814년의 파리 평화조약은, 독일의 한자동맹 도시들에게 독립을 되돌려 주었다.

상 대 방 단치히는 나폴레옹으로부터 얻은 독립을 1814년
       의 조약 때문에 잃었다.

쇼펜하우어 나는 독일의 모든 한자동맹 도시들이라고 말했다.
       단치히는 폴란드의 한자동맹 도시다.

2 유사어를 사용하여 상대방의 주장을 확대한 후, 이를 반박하라.

이 방법은 상대방의 주장을 논의중인 사항과 전혀 상관없는 방면으로까지 확대하여, 이 확대된 측면을 반박하는 방법이다. 유사어에 의해 지칭된 개념들이 유사 관계에 있고, 서로 중첩되는 경우에 이 방법을 이용한다.

예를 들어 상대방은 칸트 철학을 신비주의로 표현하여 나를 공격하였지만, 나는 이같이 격퇴하였다.

상 대 방 당신은 칸트 철학의 신비주의에 입문하지 않았지
       요?

쇼펜하우어 아, 당신이 신비주의에 대해 말한다면 나는 그런
       것에는 전혀 관심이 없어요.

3 상대방의 주장을 일반화 · 절대화하라.

상대방의 상대적인 주장을 일반적이고 절대적인 주장인 것

처럼 말하거나, 아니면 전혀 다른 의미에서 상대방의 주장을 받아들여 이를 반박한다.

4 상대방이 당신의 결론을 예측하지 못하도록 하고, 당신의 전제들을 인정하게 하라.

상대방이 당신의 결론을 예측하지 못하게 하라. 그리고 당신이 주장하는 전제들에 대해서 하나씩 상대방이 그 자신도 모르게 인정하도록 하라. 만약 상대방이 전제들을 인정할지 의심스러우면, 그 전제들의 다른 전제를 제시하라.

5 상대방의 거짓 명제들을 사용하라.

명제의 진실을 증명하기 위해 참이 아닌 이전 명제들을 사용할 수 있다. 즉 당신이 주장하는 진실된 명제들을 상대방이 인정하지 않을 때, 상대방이 보기에 참인 명제들과 상대방의 사고방식을 이용하여 상대방이 인정한 명제들을 사용한다. 거짓 명제들로부터도 참이 도출될 수 있기 때문에 상대방이 참으로 여기는 명제들을 통해 반박할 수 있는 것이다.

예를 들어 상대방이 내가 동조하지 않는 한 종교의 신봉자라면, 나는 논쟁의 원리로써 그 종교의 잠언들을 사용할 수 있을 것이다.

6 논점을 위장하라.

증명하고자 하는 것을 가정함으로써 논점을 교묘히 위장하는 방법이다. 이는 다른 명칭이나 개념을 사용하거나, 혹은 구체적인 논쟁을 포괄하는 일반적인 가정을 하는 방법이다. 두 가지 중에서 한 가지를 증명하기 위해 다른 것을 가정하는 방법이 있고, 또는 보편적 전제를 입증하기 위해 상대방이 개별성의 하나를 인정하게 하는 방법이 있다.

7 문답법을 사용하라.

진술의 진실성을 보여주기 위해 상대방에게 질문하여 상대방의 시인으로부터 명제를 입증하는 방법이다. 문답법 혹은 소크라테스식 방법은 특히 고대 철학자들이 사용한 기술이다. 당신이 상대방으로부터 받아내려는 시인 내용을 상대방이 의식하지 못하도록, 또 당신의 논증의 오류나 허점을 간파하지 못하도록 상대방에게 광범위하게 질문하고 신속하게 논증하라.

8 상대방을 화나게 만들어라.

상대방이 화가 나도록 만들어라. 왜냐하면 화가 난 상태에서는 올바른 판단을 할 수 없고, 자신의 장점을 인식할 수 없기 때문이다. 화를 내게 하려면 상대방을 반복적으로 부당하게 평가하거나, 속임수를 사용하여 전반적으로 무례하게 대한다.

9 여러 질문들을 퍼부어라.

상대방이 당신이 노리는 바를 눈치채지 못하도록 상대방의 답변들을 통해 결론을 도출하기 위해 필요한 질문들을 상대방에게 한다.

10 필요한 명제의 반대 내용을 물어라.

당신의 명제에 대해 상대방이 부정적인 답변을 할 것이 관찰될 때, 그 명제에 반대되는 것을 상대방에게 질문하여 긍정적인 대답을 얻어내도록 한다. 당신이 어떤 명제에 대해서 답변을 얻어내려고 하는지 상대방이 눈치채지 못하도록 최소한 두 가지 명제 중 하나를 선택하게 한다.

11 보편적 진실을 기정화된 사실처럼 유도하라.

귀납법을 사용하여 상대방이 개별적 사실들을 인정할 경우, 그가 보편적 진실도 인정한 것으로 간주하지 말고, 나중에 보편적 진실이 기정 사실화된 것처럼 유도하라. 왜냐하면 그렇게 하면 상대방도 자신이 그것을 인정한 것으로 생각할 수도 있기 때문이다. 그리고 청중도 똑같은 인상을 받을 것이다. 왜냐하면 청중은 개별적인 사실들에 대한 당신의 많은 질문들이 보편적 진실을 목적으로 한 것으로 생각할 터이기 때문이다.

12 자신의 명제에 유리한 비유로 대상을 명명(命名)하라.

어떤 일반적 개념이 특별한 명명이 없지만 비유적 목적을 필요로 할 경우, 당신의 명제에 유리하게 비유를 선택하여 명명한다.

예를 들어 스페인에 두 개의 정당, 즉 노예당과 자유당이 있는데 이런 이름은 자유당이 선택하여 지은 것이다. '프로테스탄트' '복음주의자'는 각각 그 해당 종교인들이 선택한 명칭이다. 반면에 이들을 '이단자'라고 부르는 명칭을 선택한 종교인들은 가톨릭교도들이다.

'예배'며 '공식 교리'의 경우, 이를 옹호하는 사람은 '신앙' '경건'이라 말하고, 이를 반대하는 사람은 '광신' '미신'이라 말한다. 어떤 사람이 '성직자'라고 말하면, 상대방은 '사이비 성직자'라고 표현한다.

어떤 사람이 '신변 보호'라고 말하면, 상대방은 이를 '감금'이라고 말한다. 또한 '유별난 친절'을 '간통'으로, '영향과 연고(緣故)'를 '매수(買收)와 족벌주의'로, '진정한 감사'가 '대가성 지불'로 표현되기도 한다.

13 과장된 반대 명제도 제시하여 상대방의 선택을 유도하라.

상대방이 당신의 명제를 받아들이도록 하기 위해, 상대방에게 반대 명제도 함께 제시하여 상대방이 선택하게 한다. 그런데 상대방이 반대 명제를 선택하는 모순을 피하기 위해서 당신이 반대 명제를 크게 강조하면, 상대방은 이것보다 타당하게 보이는 원래 당신이 의도한 명제를 선택할 것이다.

예를 들어 한 소년이 아버지가 말하는 대로 모든 것을 해야 한다라는 당신의 주장을 상대방이 인정하도록 관철시키려면, 당신은 상대방에게 "사람은 부모님의 말씀에 복종해야 합니까, 복종하지 말아야 합니까?"라고 묻는다. '자주'라는 말이 나오면 상대방에게 '자주'가 '적은' 경우를 이해해야 하느냐, '많은' 경우로 이해해야 하느냐, 라고 물어보면 상대방은 '많'은 경우라고 대답할 것이다. 이것은 마치 회색을 검은색 옆에 놓고 회색이라고 부르고, 회색을 흰색 옆에 놓고 검은색이라고 부르는 것과 마찬가지다.

14 결론이 증명된 듯이 뻔뻔스럽게 주장하라.

상대방에게 많은 질문을 하여, 아직 당신이 의도한 결론 도출에 유리한 대답이 나오지 않았어도 마치 모두 당신의 결론이 증명된 듯이 승리의 목소리로 크게 선언한다. 이 방법은 상대방이 수줍어하거나 어리석은 경우, 그리고 당신이 뻔뻔스러운 성격과 큰 목소리일 경우 쉽게 성공할 수 있다. 이 기술은 원인이 없음에도 있는 것처럼 주장하는 인식 오류의 방법이다.

15 연막 작전으로 상대방의 주장을 이용하라.

당신이 제시한 모순된 명제를 증명하지 못할 때, 마치 당신이 올바르지 않은 명제에서 증거를 찾는 것처럼 보여주어 상대방이 이 명제를 수용하거나 거부하도록 한다. 상대방이 이 속임수를 의심하여 이 명제를 거부하면 당신은 그의 불합리함을 보여주어 승리한다. 그러나 상대방이 그 모순된 명제를 인정하면, 당신은 그가 받아들인 명제에 의해 당신의 역설이 증명되었다고 주장할 수 있다.

16 상대방의 주장에 대해 대인 논증을 하라.

대인 논증 혹은 상대방의 인정을 근거로 한 논증을 사용하는 방법이 있다. 상대방이 주장하는 명제가 그가 이전에 말했거나 인정한 것과 어떤 면에서 일관성이 없는지 여부를 찾도록 노력한다. 즉 상대방이 칭송하거나 인정한 학파며 종파의 원칙들, 신봉자들이 보내는 명백한 지지, 그들의 행동과 모순 여부를 알아본다.

예를 들어 상대방이 자살을 옹호하면, 나는 즉각 "당신은 왜 목을 매지 않는가?"라고 반박하고, 상대방이 "베를린은 살기에 유쾌하지 않은 곳이다"라고 말하면, 나는 즉각 "그러면 당신은 왜 첫 기차를 타고 떠나지 않느냐?"라고 묻는다.

17 섬세한 차이를 이용하여 반박하라.

상대방이 반대 증거로 당신을 압박하면 당신은 이전에 보이지 않았던 진실의 섬세한 차이를 발견하여 종종 궁지를 벗어날 수 있다. 이는 논쟁 사안이 이중적 적용을 한 경우나 모호한 의미를 띨 경우에 가능하다.

18 논제를 바꿔라.

당신이 패배할 때까지 상대방이 논거를 주장하고 결론을 내리도록 허락해선 안 된다. 그의 적절한 시점에서 상대방의 논박을 중단시키거나 상대방을 다른 논제로 이끌어 가야 한다. 간단히 말해서 이는 논점 전환의 방법이다.

19 특정 사안을 일반화하여 이를 반박한다.

상대방의 주장에 어떤 명확한 사안에 대해 특별히 반박할 만한 점이 없을 때, 그 점을 일반화하여 이를 반박한다.

예를 들어 상대방이 당신에게 특정 물리학 가설을 믿지 않는 이유를 물어본다면, 당신은 여러 가지 예를 들어 인간이 범하기 쉬운 지식의 오류성을 말할 수 있을 것이다.

20 상대방이 인정한 전제를 근거로 속히 결론을 도출한다.

상대방이 당신의 전제를 인정하였을 때 상대방에게 결론을 묻지 말고 당신이 그것을 근거로 바로 결론을 도출한다. 한두 가지 다른 전제들이 부족하다 해도 상대방이 모두 인정한 것처럼 간주하고 결론을 도출한다. 이것은 원인이 없음에도 있는 것처럼 가정하는 논리적 오류를 적용하는 방법이다.

21 궤변은 궤변으로 맞받아쳐라.

상대방이 단지 피상적이거나 궤변을 주장할 때 당신은 그 논거들을 반박할 수 있으나, 마찬가지로 당신도 피상적이고 궤변적인 반증을 하면서 맞받아치는 것이 더 좋은 방법이다. 논쟁에서는 진실보다는 이기는 것이 목적이기 때문이다.

예를 들어 상대방이 논쟁 상대에 관한 대인 화법으로 나오면, 같은 방법으로 맞서 격퇴하면 된다. 논쟁 사안의 진위 여부에 대해 똑같이 논쟁하기보다는 상대방과 관련된 대인 화법을 사용하는 것이 시간상 경제적이다.

22 순환 논증으로 반박하라.

상대방이 논쟁중인 어떤 사안을 당신에게 인정하라고 요구할 때, 그것이 논쟁중인 사안과 관련될 경우 순환 논증으로 거부하라. 상대방과 청중은 당신이 주장하는 유사한 명제를 쟁점중인 명제와 동일시할 것이다.

23 상대방을 자극해 자기 주장을 과장하도록 유도한다.

반박과 언쟁은 상대방을 자극하여 상대방이 주장을 과장하게 만든다. 상대방에게 반박을 함으로써 진실된 주장을 그 고유의 한계를 넘어서까지 확장하여 원래의 주장을 반박한 것처럼 보일 것이다. 반대로 상대방의 반박에 자극되어 당신의 주장을 과장되거나 확대하는 상대방에게 말려들지 말아야 한다. 상대방이 지나치게 나의 실제 주장을 확대하려고 할 때, "그것이 내가 말하던 바요, 그 이상은 아니다"라고 제동을 건다.

24 거짓 추론과 왜곡으로 억지 결론을 도출하라.

거짓 논법이다. 거짓 추론과 왜곡으로 상대방이 부조리하고 위험한 명제들을 억지로 이끌어낸다. 나아가 이미 인정한 사실과 부합하지 않는 명제들이 도출된 것처럼 보이게 한다. 이것은 원인이 없음에도 있는 것처럼 가정하는 논리적 오류를 적용하는 방법의 예가 된다.

25 반증을 통해 반박하라.

반증은 간접적인 반박이다. 귀납법에서 보편적 명제를 제시하기에는 많은 사례들이 필요하다. 이렇게 제시된 보편적 명제는 단 한 개의 사례로 무너지는데, 이 한 개의 사례를 반증이라고 부른다. 예를 들어 "모든 되새김 동물들은 뿔이 있다"는 명제는 낙타라는 단 한 개의 반증으로 전복된다. 반증은 보편적 진리의 개념에 포함되면서 이 진리와 부합하지 않는 하나의 사례를 이용하는 것이다. 이때 속임수가 있기 때문에 조심해야 한다. 즉 제시된 사례가 참인지 여부, 진리의 개념에 포함되는지 여부와 또 모순되는지 여부를 조심해야 한다.

26 상대방의 논거를 역이용하여 되받아쳐라.

상대방의 논거를 상대방에게 향하도록 역이용하는 훌륭한 방법이다. 상대방이 이용하는 논거를 내가 이용하면 상대방을 공격하는 데에 보다 효과적이다.

예를 들어 상대방이 "그는 어린아이다. 따라서 정상 참작을 해줘야 한다"라고 말하면 당신은 이를 되받아쳐서 "그가 아이이기 때문에 처벌해야 한다. 그렇지 않으면 아이는 나쁜 버릇에 빠지게 된다"라고 말한다.

27 상대방이 화를 내는 논거가 약점이니 이를 공격하라.

당신의 특정 주장에 대해 상대방이 갑자기 화를 내면 당신은 더 열정적으로 그 주장을 계속해야 한다. 왜냐하면 상대방을 화나게 하는 것이 나에게 유리하고, 상대방은 자신의 약점이 공격을 받는다고 생각하기 때문이다.

28 청중을 향한 논거를 사용하라.

이 방법은 학자들이 무지한 청중 앞에서 논쟁할 때 주로 사용하는 방법이다. 당신이 논쟁의 소재나 상대방에 관한 논거를 갖고 있지 않을 때, 오로지 전문가들은 타당하지 않다는 것을 알 수 있지만 청중은 잘 모르는 사실로 청중을 향한 타당성 없는 주장을 하는 방법이다. 그러면 청중의 눈에는 특히 상대방을 조롱의 상황에 몰아넣으면 상대방이 패배한 것으로 비친다. 청중을 웃게 하여 청중을 당신 편으로 만드는 것이다. 상대방이 당신의 타당성 없는 주장을 반박하려면 긴 논쟁이 필요하고 과학적인 원칙들을 거론해야 하는데, 청중은 그의 말을 들으려 하지도 않은 것이다.

예를 들어 상대방이 "산맥이 형성될 때 돌덩어리는 액체 상태로서 200도 정도의 온도였다. 이 액체 덩어리는 바다 수면 밑에 있었다"라고 말하면, 나는 청중을 향한 논거로서 "그 정도 온도라면 이미 80도 온도에서 바닷물이 전부 증발해서 공중에 수증기로 떠 있었을 것이다"라고 말한다. 청중은 웃음을 터뜨린다. 만약 상대방이 나의 주장을 반박하려면 "비등점은 온도 이외에 기압에 의해 결정되고, 바닷물이 반 정도가 수증기로 공중에 떠 있으면 기압이 역시 높아져서 200도에서도 아직 비등하지 않는다"라고 말해야 한다. 하지만 상대방은 그런 말을 하지 못한다. 왜냐하면 물리학 전공을 하지도 않은 청중에게 그것을 설명하려면 한 편의 학술 논문이 필요하기 때문이다.

29 불리하면 논제를 전환하라.

상대방과의 논쟁에서 질 것 같으면 화제의 방향을 돌려라. 마치 본래 사안처럼, 그리고 상대방 주장의 논거가 되는 것처럼 갑자기 다른 이야기를 시작한다. 진행중인 논쟁 사안에 대해서 방향 전환은 별 추정 없이 이뤄진다. 하지만 사안에 대해선 전혀 언급하지 않고 상대방을 공격하는 방법으로서 논제 전환은 뻔뻔스러운 것이다.

예를 들어 나는 중국에 세습귀족이 없고, 관직은 과거 시험의 결과에 따라 분배된다는 점을 찬양했다. 그러자 상대방은 귀족 출신이나 학식은 관직에 반드시 도움이 되는 것은 아니라고 주장했다. 그의 주장이 실패할 것 같으므로 그는 화제를 돌렸다. 즉 그는 중국의 모든 계층이 태형 처벌을 받는데, 이를 차를 습관적으로 마시는 중국인의 습성과 관련시켜 둘 다 비판했다. 그의 말에 동의하는 청중은 그의 말에 속아 넘어가고, 나는 승기를 놓쳤다.

30 권위에 근거한 주장을 하라.

존경심을 이용한 주장으로 이성보다는 상대방의 지식 수준에 맞는 권위에 호소한다. 모든 사람들은 전문가들의 판단을 믿는다. 세네카가 말했듯이 상대방이 존중하는 권위를 당신이 갖고 있다면 일은 쉽다. 상대방의 능력과 지식이 부족할수록 권위를 더 인정하게 된다. 상대방이 전혀 이해하지 못하는 경우 권위의 효과가 좋다. 학식이 없는 사람들은 그리스어나 라틴어로 된 미사여구에 대해 존경심을 갖고 있다. 따라서 필요한 경우 권위를 왜곡하거나 날조할 수도 있다.

일반 사람들의 논쟁에서 보편적인 견해를 권위로 사용할 수 있다. 보편적인 편견도 권위처럼 사용할 수 있다. 사람들은 보편적으로 인정되는 견해에 대해 반항하는 불안정한 정신의 소유자나 세상 사람들보다 더 똑똑해지고 싶어하는 호기심 많은 어린애 취급을 받고 싶지 않기 때문에 동조한다. 그런 사람들은 자신의 고유한 견해나 판단 능력이 없고, 몇몇 타인들의 의견을 열성적으로 좇고 편협적으로 방어하는 역할을 한다. 그리고 자신과 다르게 생각하는 다른 신봉자들의 오만한 태도를 증오한다.

31 상대방의 주장을 반어법으로 격퇴하라.

상대방의 주장에 대해 반박할 것이 없을 때, 반어법으로 당신은 능력 없는 판단자임을 선언하라. "당신의 말은 보잘것없는 나의 이해력을 뛰어넘는다. 당신의 말은 전부 맞는 것 같다. 그러나 나는 당신의 말을 이해할 수가 없다. 그래서 어떤 판단을 내릴 수가 없다.” 이런 반어적인 말로써 청중에게 상대방의 말이 어불성설이라는 점을 확산시킨다.

칸트의 《순수이성비판》이 출간되어 시끄럽게 할 무렵 절충학파의 교수들은 “우리는 그것을 이해하지 못한다”고 말하였다. 상대방과 비교하여 훨씬 명망 있는 사람이 자신의 권위를 악의적으로 관철시킬 때에 사용하는 방법이다. 이에 대한 반격은 “당신이 제 말을 이해하지 못했다면, 나의 보잘것없는 설명에 그 책임이 있는 것 같다”이다. 결국 상대방은 칸트를 이해해야 하는 상황에 처하게 되고, 처음에 실제로 이해하지 못했다는 사실이 분명해진다. 상대방이 나의 주장을 헛소리로 평가했으나, 나는 상대방의 무지를 증명한다. 이 두 가지 방법은 정중한 예의를 갖추어 이뤄져야 한다.

32 상대방의 주장을 증오의 대상 범주에 가두어라.

상대방의 주장과 증오 대상 사이에 유사성이 있거나 조금이라도 관계가 있다면, 상대방의 주장을 증오 대상의 범주에 넣음으로써 간단히 제거하거나 적어도 의심스럽게 만든다.

예를 들어 상대방의 주장을 “그것은 마니교다, 아리우스교다, 펠라기우스주의다, 관념론이다, 스피노자주의다, 범심론이다, 브라운주의다, 자연주의다, 무신론이다, 합리주의다, 유심론이다, 신비주의다 등”에 포함시키는 일이다.

이때 "아, 전에 그것을 들었습니다"라고 외치며 상대방의 주장이 실제로 증오 범주의 대상과 동일하거나 증오 범주에 포함된다는 사실, 그리고 증오 범주 대상이 완전히 반박되어져 진실을 갖고 있지 않다는 두 가지 사실들을 가정한다.

33 궤변을 주장하라.

"그것은 이론상으론 좋으나 실제에는 안 맞는다"라는 궤변을 통해, 상대방의 논거는 인정하면서도 결국은 부정하는 방법이다. 이러한 궤변에서 당신은 전제는 인정하지만 결론은 부정한다. 이는 논리의 법칙과는 모순되고 불가능에 기초하고 있다. 이론적으로 옳으면 실제적으로도 맞아야 한다. 만약 실제적으로 맞지 않는다면 오류가 있는 것으로 이론적으로도 잘못된 것이다.

34 상대방의 약점을 계속 공격하라.

당신의 질문이나 주장에 대해 상대방이 직접적인 대답을 하지 않고 반대 질문이나 간접적인 대답, 사안과 관련 없는 엉뚱한 말로 피해 가고 논제를 전환하려고 하면, 당신이 의식하지 못했더라도 당신이 상대방의 약점을 공격했다는 신호이다. 따라서 상대방이 약점 공격을 벗어나지 못하도록 계속해서 몰아붙여야 한다.

35 동기를 통해 상대방의 의지에 호소하라.

논거를 통해 상대방의 지성에 호소하기보다 동기를 통해 상대방의 의지에 호소하라. 그러면 청중도 따르게 될 것이다. 일반적으로 조그만 의지가 큰 통찰력이나 지성보다 더 효과적이기 때문이다. 상대방의 견해가 타당한 것으로 판명될 경우 그가 손해를 입게 될 것임을 상대방이 느낄 때 그는 자신의 주장을 취소할 것이다.

예를 들어 한 성직자가 어떤 철학적 도그마를 옹호할 경우 그것이 그에게 교회의 근본 교리와 모순된다는 점을 보여주면, 그는 그 철학적 도그마를 즉시 취소할 것이다.

상대방의 주장이 아무리 훌륭하고 정당하게 보여도, 상대방의 주장이 길드 따위의 공동 이해에 반한다는 사실을 청중에게 말하면, 청중은 상대방의 주장이 옳지 않다고 생각할 것이다. 반면에 당신의 주장은 날조라고 해도 청중은 당신이 옳고, 정확하다고 생각할 것이다.

36 의미 없는 말들을 마치 명백한 증거인 양 주장하라.

상대방이 비밀스럽게 자신의 약점을 의식하고 있거나 또는 그가 모르는 것을 듣는 것에 익숙해 있다면, 그의 판단력을 능가하는 의미 없는 말들을 학식 있고 의미 있게 진지한 태도로 마치 다툼의 여지가 없는 증거인 양 주장한다.

37 상대방의 증거를 반박하면서 논점을 반박한 것처럼 하라.

상대방이 잘못된 증거를 선택할 때 당신은 쉽게 이를 반박할 수 있다. 그리고 상대방의 전체 사안을 반박한 것처럼 한다. 근본적으로 이것은 대인 논증을 대사상 논증인 것처럼 하는 편법이다. 상대방과 그 주변인들에게 정확한 증거가 생기지 않는다면 당신이 이긴 것이다.

예를 들어 신의 존재를 증명하기 위해 쉽게 반박할 수 있는 존재론적 증거를 제시하는 것은, 실력 없는 변호사들이 유리한 소송에서 패소하는 것과 같다. 즉 변호사들이 재판에 적합한 법률이 생각나지 않아 적합하지 않은 법률로 변호하는 것과 같다.

38 상대방이 우월하면 인신 공격을 하라.

상대방이 나보다 우월하다고 인식하자마자 인신 공격, 모독, 무례의 방법을 사용한다. 그리고 당신은 크게 지게 될 것이다. 인신 공격은 논제를 떠나 논쟁의 상대방 인물 자체에 대해 어떤 방식으로든 공격하는 것을 말한다. 이것은 대인 논증과 구별하여 인신 공격으로 불린다. 논쟁 상대방에게 악의적인 말을 하고 모욕을 하는 방법은 자주 애용되는 방법이다. 이는 지성에서 육체 혹은 단순 동물성에 호소하는 것이다. 문제는 이런 인신 공격에 대한 대응 방식인데, 똑같은 방식으로 인신 공격을 하면 싸움이나 명예 훼손 소송으로 변질될 수 있다. 그렇다고 맞대응하지 않는 것은 잘못된 생각이다. 상대방이 인신 공격을 하면 그것은 논제와 상관이 없다고 침착하게 대답하고, 얼른 논제로 돌아가 상대방이 잘못 판단하고, 그의 주장이 부당함을 계속 보여줌으로써 상대방을 더 격분시킬 수 있다. 아리스토텔레스가 《토피카》의 마지막장에서 말했듯이 아무나 처음 만나는 사람과 논쟁하지 마라. 부당한 주장을 하지 않고, 충분한 지식과 자존심을 가진 사람들과 논쟁하라. 그리고 권위가 아닌 이성에 호소하고, 이성에 귀기울이고 승복할 줄 아는 사람과 논쟁하라. 그리고 끝으로 비록 상대방이라고 해도 기꺼이 이성을 수용하려고 하고, 상대방이 맞고 자신이 틀렸음을 인정할 줄 아는 사람과 논쟁하라.